U0724912

南京城市文脉

下关大马路

赵步阳　臧　磊　著

南京出版传媒集团
南京出版社

图书在版编目（CIP）数据

下关大马路 / 赵步阳, 臧磊著. -- 南京：南京出
版社, 2025. 4. --（南京城市文脉丛书）. -- ISBN
978-7-5533-5235-0

Ⅰ. K295.31

中国国家版本馆CIP数据核字第2025NM9411号

丛 书 名　南京城市文脉
书　　 名　下关大马路
著　　 者　赵步阳　臧　磊
出版发行　南京出版传媒集团
　　　　　南 京 出 版 社
社　　 址　南京市玄武区太平门街53号
邮　　 编　210016
联系电话　025-83283873、83283864（营销）　025-83112257（编务）

策划统筹　卢海鸣　徐　智
责任编辑　聂　焘
装帧设计　赵海玥
责任印制　杨福彬

排　　 版　南京新华丰制版有限公司
印　　 刷　南京凯德印刷有限公司
开　　 本　787毫米×1092毫米　1/32
印　　 张　5.25
字　　 数　75千
版　　 次　2025年4月第1版
印　　 次　2025年4月第1次印刷
书　　 号　ISBN 978-7-5533-5235-0
定　　 价　28.00元

总　序

　　南京自然环境优越，文明起源古老，历史积淀深厚，文化遗产众多，作为我国第一批历史文化名城和闻名中外的世界文化之都，享有"六朝古都""十朝都会"的美誉。古往今来，历史与文化的潮起潮落，不断拍打着这座古老的城市。六朝艺术的绝代风华，南唐文艺的尤重文雅，明清文化的宏大气象，民国小说的转型发展，南京的城市文脉犹如一幕幕接续上演的大戏，其渊源之绵长、成就之突出、风格之多元，令人目不暇接。从昔日的"天下文枢"到今天的"文学之都"，南京的文脉仍在延续，以一种深沉而持久的力量滋养着城市的发展。

　　南京的城市文脉如同一部厚重的史书，记录着所在地域乃至中华文明的发展变迁和兴衰荣辱。在南京这座城市里，每一块砖石都镌刻着历史的沧桑，每一座建筑都诉说着过往的故事，每一条道路、街巷都承载着文化的记忆。正如朱自清先生所说："逛南京像逛古董铺子，到处都有些时代侵蚀的遗痕。"乌衣巷里的王谢两大家族，对中国的书画艺术产生过深远影响；龙蟠里内氤氲的浓浓书香，折射出明清时期南京文人墨客的无尽风流；成贤街上林立的文教机构，奏响了一曲曲不辍弦歌，培育出一代代国之栋梁；下关大马路边热闹繁忙的口岸码头和中西交融的各类建筑，催生了近代南京城市转型期的文化意象。斜阳草树，寻常巷陌。千百年来，一条条道路、街巷在构成南京城市空间和肌理的同时，也总是在不经意间见证着城市文脉的发展演变，犹如一座座舞台，共同奉献出让人们眼花缭乱、叹为观止的大戏。

在现代化快速发展的今天，如何在城市更新过程中保护好城市文脉，让道路、街巷沿线的文化遗产焕发新的生机，成为当前的热点和现实问题。为了深入挖掘南京城市文脉的表现形式和丰富内涵，探索传统文化与现代文明融合发展的新路径，让南京在新时代焕发出更加绚丽的光彩，我们推出了这套"南京城市文脉"丛书。丛书每册聚焦一条道路或街巷，以大众普及的方式，图文并茂地讲述其沿革过程、掌故传说、名人轶事、机构建筑等，从历史、文化、艺术、社会价值等方面，充分展现多样的城市文脉，推动城市文化遗产的保护利用。同时，期望这套体量不大的"口袋书"，能够为广大读者寻访街巷、发现南京提供便利，探索更多有趣的文脉话题。

目 录

下篇　下关大马路畅想

前　言

　　"南有夫子庙，北有大马路"。下关大马路临江而拓，是一条7字形的马路，自西向东接南北走向，西至江边，东沿惠民河向南至惠民桥，南接商埠街，长616米，宽约8米。二十世纪二三十年代，这里是南京城北最繁华的商业街市。

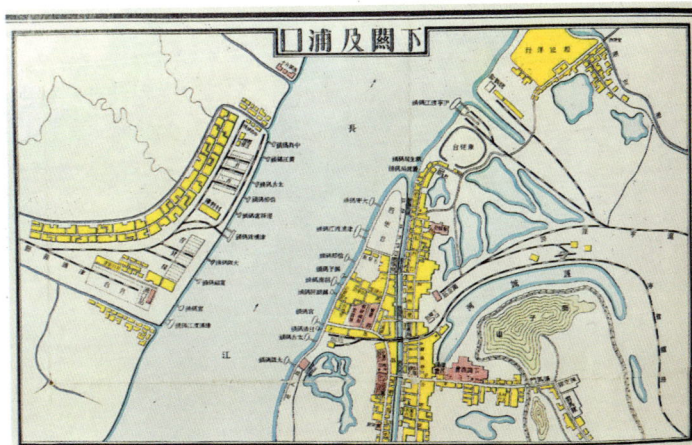

《下关及浦口》地图，附于《最新南京全图》（上海中华书局1927年印行），图中"官码头"对面即下关"大马路"的西端

今下关"大马路"（杨羽摄）

　　大马路今属辖于南京市鼓楼区下关街道，它在近代的兴起与繁荣，直接肇因于清末下关的开埠通商。不过，在古代，大马路所在的下关一带发展相对较慢，南唐时还只是乡郊，直到明代，才迎来真正意义上的大开发。

下关之得名

　　贺云翱、干有成在《南京历史上滨江开发有过三次高潮》一文中指出："下关沿江一带真正被作为城市加以建设和开发，创始于明代初期"（《南京日报》，2014年1月23日B03版）。朱元璋称帝前的1366年，即着手"改筑应天城，作新宫钟山之阳"，到洪武二十四年（1391）完成外郭工程，前后共用了25年时间，打造了四重城垣的南京城垣体系，由里向外依次为宫城、皇城、京城、外郭，而以京城为主。建成后的南京城，不仅将金陵自古以来历代城池数十座大体都包括在内；更重要的是，从城市格局来看，京城城墙进一步向西北拓展，直逼长江边，在历史上第一次将今下关地区的一部分括进城内，神策门、金川门、钟阜门、仪凤门则将狮子山等险要之地括进城内。薛冰所著《南京城市史》（2022）认为，明初南京城的建设，其大幅度跨越式发展所形成的格局，不但满足了当时建都的功能需要，更为此后六百年的城市建设提供了发展空间。下关之得名，正是在明代。

所谓"下关"，实与"上关"相对。明洪武初年，在仪凤门外临江处原宋元时期的龙湾市，置征税

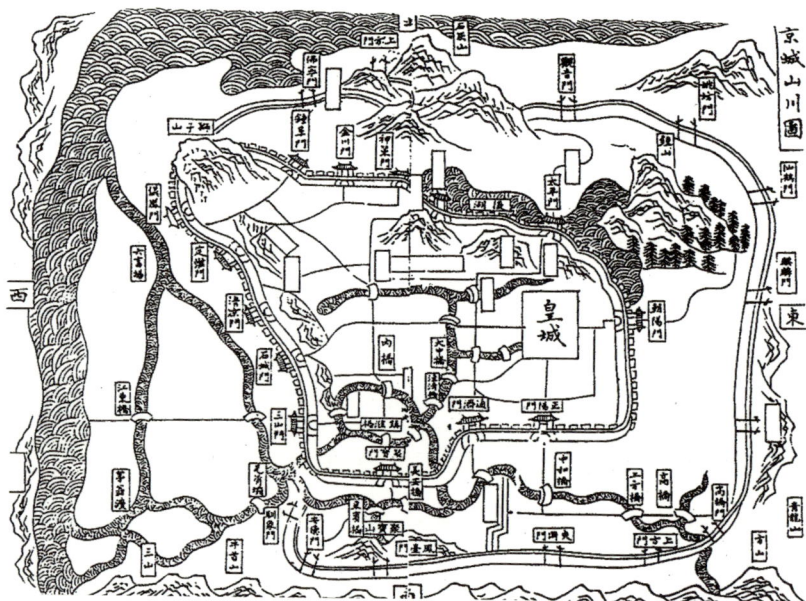

京城山川图（明《洪武京城图志》）

机构，称龙江关，又名上关。又在上新河设关，叫户关。《嘉庆重刊江宁府志》卷十五："明世，竹木之税属工部，故江宁于龙江设关，曰上关；其余杂货物之税属户部，故西新设关，曰户关。"后因上新河关在

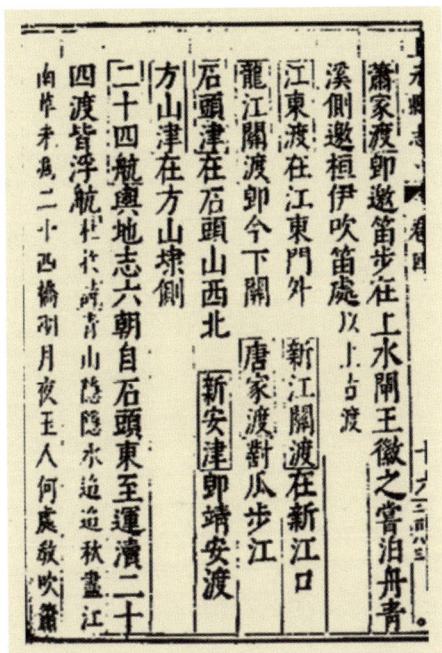

明《万历上元县志》中关于"龙江关渡，即今下关"的记载

龙江关江干的上游，故更名上关，龙江关改名下关。

明万历二十一年（1593）编纂完成的《万历上元县志》有"龙江关渡，即今下关"一语。有研究者认为，这是下关一名最早的出处。实际上，成书于隆庆四年（1570）的《一统路程图记》卷二、卷五、卷七中，下关地名即已在其记录的路引及夹注中出现了四

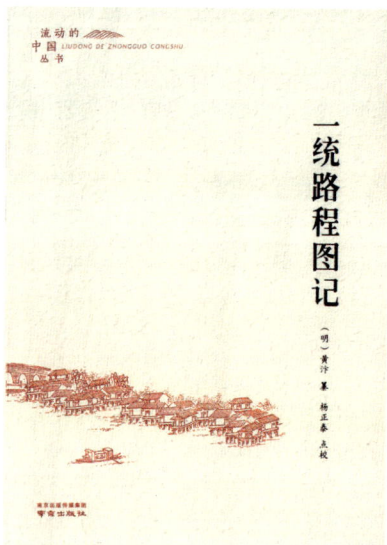

［明］黄汴《一统路程图记》
（南京出版社2019年版）书影

次，分别是："南京下关龙江驿"，"南京龙江关，即下关"，"下关龙江驿"，"龙江关驿，即下关"。该书是我国现存最早的商旅交通指南，从其后序中可知，该书系明代徽商黄汴"积苦数十年而后成"（［明］黄汴纂，杨正泰点校《一统路程图记》，南京出版社2019年版）。这说明，"下关"的地名，至少在明穆宗朱载垕宣布解除海禁的隆庆元年（1567）之前就已经出现了，并逐渐成为今三汊河至上元门沿江一带地方的统称。

相较于之前漫长的"沉默期"，此次滨江地区大开发，为下关带来了一两百年的繁荣，然而，这繁荣是短暂的。明代以后，南京失去了陪都地位，"因此沿江地区陷于没落，不仅上新河镇大部塌陷江中而遭废弃，原本繁华的龙江一带也变得荒凉偏僻"（贺云翱、干有成《南京历史上滨江开发有过三次高潮》，《南京日报》，2014年1月23日）。加之下关地区作为江防要地，不可避免地卷入了数次重要的战役，特别是到了清末，兵连祸结，简直成为下关地区发展难以纾解的困局。

下关百年商埠繁荣的起点

南京依江而建，自六朝起就一直是长江下游的交通枢纽和东南部的军事重镇。晚清乱局丛生，内外交困，东西方的目光都投射到这里。在这样的历史背景下，伴随着新兴的近代工业以及轮船、火车等近代交通运输工具的出现，今下关大马路所属的滨江一带再次迎来大开发，

曾国藩画像

李鸿章画像（美国《名利场》杂志，1896年8月13日）

进一步改变了南京城的整体格局。

同治、光绪年间，先后担任（包括署理）两江总督的有曾国藩、李鸿章、刘坤一、沈葆桢、左宗棠、曾国荃、张之洞、端方等，这些人作为洋务运动的骨干，使南京在引进新兴工业、实施新式教育、建设新型城市等方面，都能得风气之先。洋务运动在下关取得多项成果，有力地促进了下关的近代化建设。

同治四年（1865），中国人自主研制的第一艘蒸汽机明轮船"黄鹄"号，在南京下关江面试航成功。

光绪七年（1881），两江总督刘坤一在下关设江南官电局电报分局，下关地区首次出现了近代化的通

江南水师学堂学员合影（1896年摄）

江南水师学堂旧址（赵步阳摄）

晚清，江宁马路开通前的鼓楼旧石板路（1888年摄）

信设施。这是中国最早的地方官办电信机构。

　　光绪十六年（1890），江南水师学堂在下关成立，设有驾驶、管轮两科，其创办也是洋务运动在下关的重要成果。

　　光绪二十年（1894），南京第一家民营工厂——胜昌机器厂在下关建立，主要业务为修理船舶和动力机械。随后，船舶修造、机器制造、纺织印染、服装制作、粮油加工等私营工厂相继建成投产，陆续开设协昌机器厂、永泰昌机器厂、永兴翻砂厂等。

光绪二十一年（1895），张之洞主持修筑了南京第一条穿越城区的近代道路——江宁马路，并在惠民河上建洋式活桥。造桥和江宁马路的修建，便利了下关与主城交通，促进了傍岸舍宇的次第建造，也促进了下关地区的繁荣。

可以说，洋务运动为下关提供了近代首个发展契机，带来了下关商贸的初步繁盛，下关建设也已初具规模。从某种意义上看，此即为下关百年商埠繁荣的起点。同时，下关作为长江上的重要口岸，其逐渐繁盛也凸显了日益重要的战略价值，这引起了列强的注意，下关正式开埠被提上了日程。

1899年（光绪二十五年）5月1日，金陵关宣布开关，标志着南京正式成为通商口岸。开埠之后，下关迅速地从一个江边滩地崛起为近代化的城区，从而不仅改变了南京城市发展的历史格局，也为南京城市日后的沿江发展、跨江发展奠定了基础，影响深远。就全国而言，下关当南北、东西交通之要冲，下关商埠交通事业的发展，则大大便利了长江流域以及华北与华东之间物资的流通，促进了经济的发展。可以说，开埠通商是下关历史上最好的发展机遇，给下关留下了丰厚的工业和文化遗产，惠泽后人，而在这其中，下关大马路商业街区的发展，值得浓墨重彩地写上一笔。

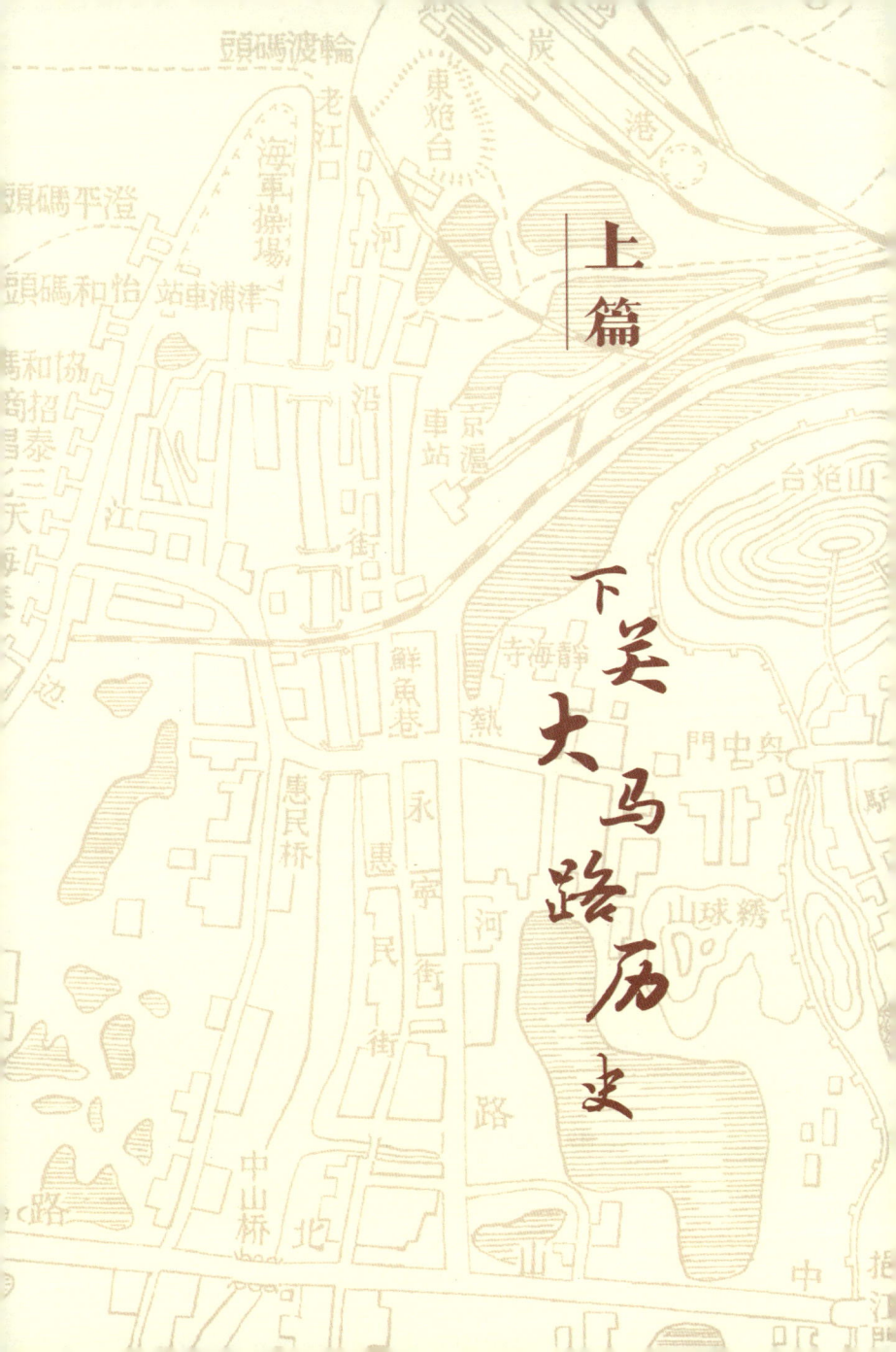

下关大马路历史

　　下关的北面，挟着一重广阔的江面，倘若去下关江岸上眺望，那里是一列极长的江边马路，半西式的房屋高矮不等的罗对着江面。还有那中国银行和邮政局的大楼，也巍峨的站在江边。那一带，因为是长江交通的要道，从京沪路和津浦路以及从长江轮船上来往的旅客，都要打下关江岸上经过。所以那江边道上的车马，便显得这样拥挤起来了。虽然下关全埠的街道还算广阔，但在这样拥挤的情形下，却显得十分狭小。

　　……岸边上，早晚不停地，尽是嘈杂的人声、汽笛声和车轮声，把下关织成了一个极复杂而且光怪陆离的市面。我们可以看见许多匆匆的旅客们，急行着的车辆，还有负着重载的搬脚夫，都急忙地在下关江岸上活动着，好像一群蝼蚁。

　　——［民国］倪锡英《南京》，上海中华书局
1936年版

下关江岸，远处穹顶建筑即大马路上的中国银行南京分行下关办事处

下关开埠

南京在历史上一直是长江下游的交通枢纽和政治、经济、文化中心，是我国东南部的军事重镇，也是列强争夺的重要目标之一。第二次鸦片战争后，南京列为通商口岸，1899年下关开埠通商，并迅速崛起为新的工业、交通与商贸中心，从而改变了南京城市发展依赖秦淮河的城市历史格局，为南京日后实现沿江发展、跨江发展奠定了基础，在下关发展史上翻开了重要的一页。

南京之辟为通商口岸及两度搁置

《南京条约》签订之后，英法两国为攫取更多的特权，在沙俄和美国的支持下，联合发动了第二次鸦片战争，咸丰八年（1858）清政府被迫签下《天津条约》。中英《天津条约》第十款规定："长江一带各口，英商船只俱可通商。"中法《天津条约》则最先指名开放南京口岸，该条约第六款

中英《天津条约》签约场景

大清皇帝大英君主因欲兩國情誼永洽令後
舊好倍臻輯睦得水道相安是以
大清國特簡世襲罾羅勒金並全權大臣便宜行事
黃鶴顧全各將所奉全權大臣便宜行事之
大英國特簡世襲罾羅勒金並全權大臣額羅二郡伯
上諭互相較閱俱屬妥當爰議商定修約開列
於左

第一款
前於寅年二月二十四日江寧所定和約仍留
照行廣東所定善後通商章程現在更
張既經併入新約所有舊約作為廢紙

第二款
大清皇帝大英君主意存睦好不絕約定兩各大邦
和好常規亦可任意交換秉權大員分詣
大清大英兩國京師

第三款
一大英欽差大員及各眷屬可在京師或長
行居住或隨時往來總候本國諭肯遵行
英國自主之邦與中國平等大英欽差大臣係
為代國秉權大員與

大清皇上特遇有礙於國體之禮是不可行惟大英
君主每有派員前往西各與國君國主之禮
亦祥

第四款
大清官員亦禮遇隔別所駐各處商賈公館
厪作為大臣等員公所
大清官員亦禮隔別勛辦雖使見大役亦隨意會商無
雖欄將大英欽差公館眷屬隨員人等或有越
種犯跡等情冤遠記由地方官從嚴懲辦

中英《天津条约》文本（局部）

称："将广东之琼州、潮州，福建之台湾、淡水，山东之登州，江南之江宁（南京）六口，与通商之广州、福州、厦门、宁波、上海五口，准令通市无异。"至此，南京被定为我国的对外通商口岸。

不过，由于当时南京是太平天国首都，不受条约约束，所以中法《天津条约》第六款进一步注明："其江宁俟官兵将匪徒（指太平军）剿灭后，大法国官员方准本国人领执照前往通商。"南京开埠一事因此暂时搁置。

同治二年（1863），南京陷入清军重围，太平天国危在旦夕。英法等国为了重申开放南京口岸的要求，遂于当年7月协助丹麦政府与清政府签订了中丹《天津条约》。该条约第十一款称，清政府与各国议定开放的通商口岸，其中包括南京。同治三年（1864），清军攻占南京。第二年，英法公使分别照会清政府，提出"将江宁地方，安置埠头，为通商之所"。清廷即派员会同英法官员前往勘察，安排开埠事宜。然而，勘察的结果令英法官员大为失望：经过战乱，南京"人民之死亡转徙者不可胜计，屋宇之存者十不及三四，疮痍残败之状几于目不忍视"（安格联《光绪二十五年南京口华洋贸易情形论略》,《光绪二十五年通商各关华洋贸易总册》,上海通商海关造册处编印,铅印本,1900年),实在没有多少通商价值,英法官员只得望而却步,仅指定"狮子山城河之间"为以后建立领事馆、租借地、洋行的备用地,南京的开埠因而再次被搁置。

下关成为初具规模的近代港埠

虽然下关此时还未开埠,但是南京作为长江中下游的政治、经济、文化的重心所在,无法回避长江沿岸的近代化开放大潮,有必要考虑设立机构专门处理相关通商事务。据王焕镳编纂的《首都志》(1937)卷十,同治年间,设洋务局及下关稽查洋务局,负责中外交涉事件,登记稽查上下游通商各国过境者姓名等。

同治七年(1868),美商旗昌轮船公司在下关河西宗泰字铺地方,租赁土地建设"三号两进,计六间两厢"房屋,开办洋棚,共有客运班轮9艘,成为下关乃至南京最早的外资企业(后被轮船招商局收购)。洋棚只经营客运,不办理货运,有栈房供候船乘客休息。因港内未建轮船码头，用小木划来往江心接送上下轮船的乘客。

同治十年（1871），清政府在下关筹建轮船招商局。同治十一年（1872），招商局委庄椿山为司事，在南京下关设棚厂，接运客商，招商局因此成为开埠前在下关独立经营的本国企业。所谓棚厂，即简易码头，实际上仅有栈房供乘客候船，乘客上下轮船须用小木划往江心接送。随着客运需求的不断增加，棚厂逐渐无法适应客运业务发展的需要，建立码头的呼声日高。

1882年（光绪八年）8月，前来参加乡试的士子，在乘坐小木划登岸时落水溺毙多人，一时舆论大哗，民间要求速建码头。该年10月20日，在左宗棠的支持下，指定招商局出资，从芜湖分局调派"四川号"趸船到南京，在下关江边设置了南京第一座轮船码头，命名为功德船，使旅客能够直接在

左宗棠

晚清时期的下关功德船码头

岸边上下轮船，免去了不便和江中风险。之所以称此种趸船式浮码头为"功德船"，而不称码头，是因为清政府当时认为，一旦在南京建造了码头，南京也就成了通商口岸。避开了"码头"二字，左宗棠才批准建设。

功德船为木质结构，数年后破损腐朽，不堪再用。因此至1889年（光绪十五年）2月，招商局即有用铁码头船替换之议。然而，曾国荃坚决反对用铁码头船取代功德船。他认为功德船是船而不算码头，而铁码头船则是码头，"下关并非通商口岸，一旦改立码头，万一外人起而要挟（开埠），更属有碍全局"。如此，招商局只得替换下已设置好的铁码头船。不过，到了光绪二十年（1894），洋务派重要官员张之洞署理两江总督，南京迎来又一轮发展高潮。光绪二十一年（1895），张之洞主持建公用轮船码头1座，为趸船浮码头，命名为"接官厅码头"。功德船码头与接官厅码头的建成，使下关江边路一带成为初具规模的近代港埠。

为改善集散条件，促进下关的繁荣，光绪二十一年（1895），张之洞又主持修筑了南京第一条穿越城

1910年的下关码头（〔日〕杉江房造编《金陵胜观》，
上海虹口日本堂书店1910年版）

区的近代道路——江宁马路。江宁马路以两江总督署为中心，东南至通济门驻防城边，西北穿过碑亭巷，绕鸡笼山麓过鼓楼，再循旧年石路出仪凤门至下关，成为贯通南京城区南北的主干道，"乃下关至城南之唯一孔道也"，同时也奠定了下关地区的基本交通格局。张之洞又在惠民河上建洋式活桥——惠民桥，不仅便于行人过河，也便于来往船只通行，更促进了后

1910年的鼓楼，江宁马路从门洞下穿过（［日］杉江房造编《金陵胜观》）

1910年的仪凤门，鲁迅、周作人就是从这里进入南京城
（［日］杉江房造编《金陵胜观》）

1907年的惠民桥

来下关大马路一带繁华商埠的形成。作为长江上的重要口岸，逐渐繁盛的下关凸显了日益重要的战略价值，这引起了列强的注意，下关正式开埠被提上了日程。

下关通商口岸开埠的经过、范围与性质

经过30余年的缓慢发展，南京经济有所复苏，下关逐渐繁荣起来。英法等国再次提出了开放南京口岸的要求。由于《天津条约》签订已久，加之同治元年（1862）议定的《长江通商统共章程》（即《长江收税章程》）规定：凡有英商之船在长江贸易者，只准在镇江、九江、汉口三处贸易，沿途不准私自起下货物。为促使清政府开放南京，各国都要求修改这个章程。光绪二十四年（1898），在列强的压力下，清政府委托时任中国海关总税务司的英国人赫德与有关各国又议订了《修改

罗伯特·赫德
（Robert Hart）

长江通商章程》，该章程第二条规定："凡有约各国之商船，准在后列之通商各口往来贸易：即镇江、南京、芜湖、九江、汉口、沙市、宜昌、重庆八处。"这样，南京第三次在不平等条约中被列为通商口岸。外国商船在南京口岸的经营范围，也由只上下旅客、"不准私自起下货物"，扩大为客货兼营。

刘坤一

这次，下关开埠事宜未再搁置，光绪二十四年十二月二十三日（1899年2月3日），清总理衙门电告两江总督刘坤一："新定长江通商章程，定期明年二月二十一日（注：1899年4月1日）开办。总税务司函称，其第二条内开：'准船只往来贸易之通商各口岸，有南京一处，与汉口、九江等口无异，其稽查船只征收税项，应同日按照新章一律开办。'"（刘坤一《江宁新设税关请颁监督关防折》，《刘坤一遗集》第三册，中华书局1959年版）1899年（光绪二十五年）3月11日，刘坤一奏请朝廷：照约开放，拟在下关滨江地方设关征税，定名金陵关，派江南盐巡道兼充税关监督，经理通商事宜。当年5月1日，金陵关宣布开关，标志着南京正式成为通商口岸。

《修改长江通商章程》起草之时，清政府已着手准备开放南京口岸，划定了仪凤门外、惠民河以西、沿江5华里地域为中外通商的商埠。然而，正式开放南京口岸时，各国对口岸的概念以及界限的认识，与清政府发生了分歧。各国领事认为：所谓港口、城口、城邑、口岸，指的都是整座城市，也就是说，南京全城都属于通商开放范畴。然而，刘坤一自始至终都不同意英方关于城邑属于口岸的说法。他几次致电外务部，将《天津条约》里的"城口"一词，解释为"城外之口"，他说："通商之处所以名口岸者，以其在口之滨岸地方，便于泊船，货物上下也。"在他的坚持下，南京口岸界址定在仪凤门外下关地区。光绪三十年（1904），周馥调任两江总督之后，又到下关实地勘度，进一步明确了下关通商口岸的范围："以惠民河以

周馥

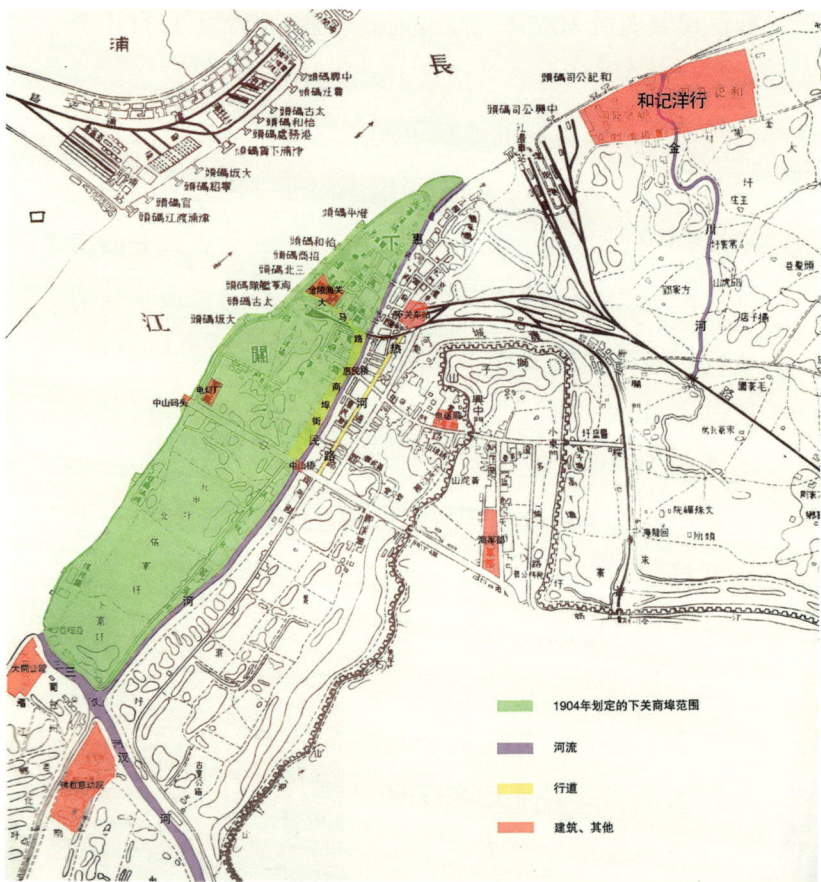

图例：
- 1904年划定的下关商埠范围
- 河流
- 行道
- 建筑、其他

1904年划定的下关商埠范围

西，沿长江岸长五华里，宽一华里左右地带，为外国人开设洋行，设立码头货栈之地"。

　　1914年，下关商埠局提出要进一步扩充下关商埠区的范围。当时，随着沪宁、津浦铁路的通车，由下关转运的货物大量增加，然而，由于"下关无巨大堆栈，以致经过之货，或附轮船，或装火车，顺流直下，运至无锡、上海一带，过门不入，虽有大利，何从染指"〔《南京下关宜推广商场意见书》，《江苏实业月志》第20期（1920年11月），建论〕。加之下关原先划定的商埠界域内，"所成熟之市街，不过占其五分之一，其他地段所以不能发达者，交通隔阂，地势低洼为之也"（岐逸《下关填土记》，《申报》，1915年5月12日）。鉴于此，扩充下关商埠区势在必行。扩展后的下关商埠区的范围大致为：东西拓宽半里，东界扩展至南京城根；南北则较之前展长二里许，南界为三汊河，北首则扩至宝塔桥河，从而将和记洋行囊括在内。下关商埠局帮办金鼎在呈文中表示，扩展后的商埠区，"以东西计，虽仅展宽半里，而南北较前已展长二里许。华洋商民悉称便利，现时可无逼蹙之虑"〔《规划下关振兴商场之呈文》，

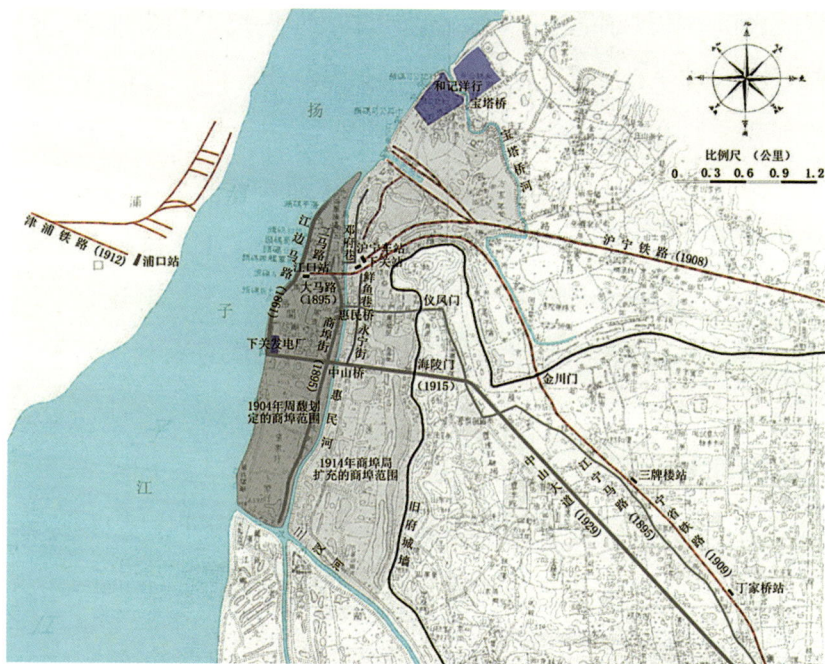

（20世纪20年代）下关商埠区位、交通及商业位势分析图
（陈勐《南京近代商业建筑史研究》，东南大学博士论文，2018年）

《中国实业杂志》，第5年第9期（1914年9月1日），专件〕。陈勐在其博士论文《南京近代商业建筑史研究》（2018）中，以南京特别市土地局印制的《首都城市图（1929）》为底图，绘制了《下关商埠区位、交通及商业位势分析图》，借此可以较为直观地看到

1914年扩展后的下关商埠的四至情况。

南京与其他开放口岸的不同之处在于：南京口岸没有设立特定的租界，外国人可以在此租地造屋，开设洋行，设立码头货栈，停泊兵轮、船只，中国人同样也可以在这里租地造屋，开设码头行栈，停泊船只。这是下关不同于其他通商口岸的重要特征，推动了下关中外文化交流，促进了商埠地区的繁荣发展。

下关商埠地区的崛起与繁荣

下关地区开埠通商之后，下关港口进出口贸易、航运业得到迅速发展，洋人、洋行、洋货纷至沓来，促进了南京沿江一带城市经济、社会、文化的近代化转型。同时，配合港口建设，进一步带动了近代城市市政的建设，新式的桥梁、道路、码头、栈房、邮局及洋行建筑如雨后春笋，次第而出，城市面貌因此焕然一新。

开埠之后，接官厅码头之趸船被充作金陵关办公场所，不再停靠轮船。从1900年5月英商怡和洋行首先在下关建成趸船码头开始，1901年太古洋行码头建成，1903年大阪码头建成（不久改为日清码头），

1906年德国美最时洋行在南京建造美最时码头，使下关成为具有一定规模的港埠。至此，位于大兴码头至惠民河北口一线的江口外商码头已达4座。后又陆续在江边沿江地带新建了源大码头、泰丰码头、天泰码头、泰昌码头、协和码头等一些小型码头。

随着外商所建码头的增多，外轮在下关的势力也迅速强大起来。1900年，经常在下关停泊上下客货的中外轮船，计有25艘，分属8个航运公司，其中外国公司就占了7个，共有轮船21艘，都是行驶上海至汉口航线的，在港口占绝对优势。光绪二十四年（1898），清政府放松关于民营小轮的禁令，同意"将通商省份所有内河，无论华洋商，均驶小轮船，藉以扩充商务，增收税厘"〔《总署奏请准内河各埠行驶小轮船片》，《清季外

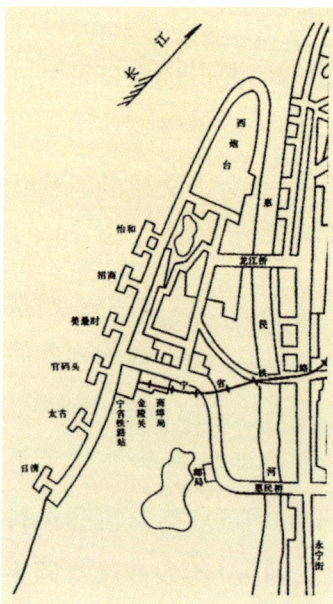

下关码头（1908年）示意图

交史料》卷一百三十（光绪二十四年三月）〕，此举促进了民间小轮航业的发展，当年即有民营丰和轮船公司开辟南京至镇江航线，并有华商在南京集股开办小轮公司。小轮航行地域广，运价低廉，在与外轮竞争中有一定优势，发展较快。据华洋贸易总册统计，1902年进出南京口岸小轮的总吨位是5000余吨，第二年就翻了一番多，1906年已达18300余吨。到宣统二年（1910）时，行经南京或以南京为起讫港口的小轮航线已有10条左右，不仅有至扬州、镇江、芜湖等地的短途航线，还有至宜昌、长沙、汉口、宁波等地的长途航线。至20世纪30年代，先后在南京（主要在下关）经营长江和海运业的中外轮船公司有20余家，轮船达90余艘，总吨位14万余。报关行也从无到有，如雨后春笋般出现在下关商埠，至1924年已达20余家。

铁路建设是促进下关地区现代化发展的另一项重要因素。沪宁、津浦铁路的通车营运，进一步强化了下关在长江中下游地区的重要交通地位，促进了下关商埠区的繁荣和现代化发展，时人云："南京江水深宽，外洋极大船只，均可停泊，距淞口甚近，旦夕可通，且北有津浦、浦信，南有沪宁、宁湘，缩毂

頭碼關下　京南
Hsiakwan wharf. Nanking

停泊在下关码头的轮船，远处是下关大马路的中国银行南京分行下关办事处

南北，轮轨交通，信为长江第一要埠。"［《南京下关宜推广商场意见书》，《江苏实业月志》第20期（1920年11月）］

南京最早计划修筑的铁路是连接上海的沪宁线。据《清季外交史料》，1895年7月和10月，署理两江总督张之洞先后两次向总理衙门提出修筑沪宁铁路的建议。1905年4月，沪宁铁路开工修建。沪宁线全长311.04千米，分5段，包括上海至南翔、南翔至无锡、

无锡至常州、常州至镇江以及镇江至南京,各段同时兴工,先后竣工。1908年全路通车。沪宁铁路终点站设于下关惠民河以东、狮子山西北面。这条铁路的通车,改善了下关与外界联系的交通条件,极大地促进了下关地区的繁荣。

沪宁铁路竣工当年,津浦铁路亦开工建设。1907年4月,袁世凯、张之洞电奏筹办津浦铁路,翌年6月开工建设,1912年11月全段竣工,1912年12月4日正

1910年的沪宁铁路([日]杉江房造编《金陵胜观》)

式全线通车。津浦铁路仅用4年多时间就建成，速度之快，是晚清铁路建设中罕见的。津浦铁路北起天津总站（今天津北站），经济南、曲阜、徐州、蚌埠等地，至下关对岸的浦口，全长1009.48千米，后北延至天津东站，正线全长1013.83千米，设85个站。1914年，津浦铁路局于浦口、下关间设置轮渡，从而使津浦铁路同沪宁铁路相衔接，便于津浦、沪宁两铁路乘客联运转车。津浦铁路建成后，沟通了海河、黄河、淮河、长江流域，是继京汉铁路后，中国又一条南北交通干线。南京的经济腹地因此向北大大延伸，加之沿长江黄金水道之水运业的发展，下关因此成为中国南北交通大动脉的重要节点。1933年，下关与浦口之间的铁路轮渡建成，两岸之间采用活动式引桥，中间用从英国进口的渡轮"长江号"运送火车，这是中国第一条铁路火车轮渡线（孙建国《中国第一条铁路轮渡线》，郑军主编《铁道上的江苏记忆》，中国铁道出版社2023年版），沪宁、津浦两大干线得以相连，沪宁铁路的运量也随之迅速增长。

随着沪宁铁路和津浦铁路的相继通车，南京成为中国南北铁路干线和东西水路干线交汇的交通枢

津浦鐵路通車廣告

本路黃河橋工已竣定於陽曆十二月初四日先行通車每星期三星期六日下午十二點三十分鐘由天津開特別快車次日上午十點三十三分鐘到天津頭二三等車皆備所定鐘點係與西伯利亞大車鐘點銜接一氣此項快車客票照原價加十成之一頭等風車收床位價洋五元隨帶行李限量與尋常客車相同頭等限帶一百五十斤二等限帶一百斤三等限帶五十斤除例限重量外每擔每英里政費一分其餘來往津浦慢車逐日由天津浦口兩站開行兩次惟鐘點較前略有更易行李在例限重量期與浦口站開車來車收洋五厘仍另有開行短車時間至本路置備南段下關輪渡今又改訂開行時刻與確定時刻者請至南京下關津浦南段總局或浦口車務處取閱用特廣告

津浦铁路通车广告（《神州日报》，1912年12月7日）

宁省铁路穿过金川门

纽。与此同时，随着现代化道路、桥梁等基础设施的建设，下关一带新的交通方式亦得以发展。1909年，以纵贯城市南北的宁省铁路的通车为标志，南京城市内部的交通格局也日趋改善。至南京国民政府初期，下关还发展出至城中、城南的机动车、非机动车等多种交通方式，包括人力车、马车、散雇汽车（即摩托车）、公共汽车等，形成了以下关为起讫点的交通网络。据方继之所编《新都游览指南》（1929）记载：下关地区共计有著名马车行2家，"汽车行"（指出租摩托车的车行）6家，主要集中于大马路、二马路附近。此外，公共汽车公司还专设了往来于下关及夫子庙的线路，并在下关地区设立三站，分别为沪宁车站、大马路和仪凤门，这些都加强了下关与旧城的交通联系。下关大马路一带迅速发展起来，不仅改变了南京城市发展过于依赖秦淮河的城市历史格局，同时深刻改变了近代南京人的生活方式与思维模式。

北有大马路

通商开埠和沪宁铁路、津浦铁路的通车，以及围绕商埠地区的一系列建设，促进了下关的繁荣。事实上，在下关开埠通商之前，张之洞即已敏锐意识到修建城市道路的重要意义与价值："查利民之方，修路即为要义，必须运载迅速，信息灵便，人货流通，则街市日增，民生日富……西人每得新地，即开马路，化瓯脱为都会。"［张之洞《金陵设立趸船、修造马路片》（光绪二十一年十二月十九日），《张之洞全集》第二册，河北人民出版社1998年版］下关大马路可以说就是在这样的观念指引下发展起来的。从1895年开始修建，至20世纪30年代，大马路一带已成为南京城北地区最繁华的街市，其时甚至有"南有夫子庙，北有大马路"之称。

下关大马路的初步形成、修建与拓宽

"其实地上本没有路，走的人多了，也便成了

路。"下关大马路雏形的形成，也是这样一个过程。前文提及，1882年（光绪八年）10月20日，在左宗棠的支持下，轮船招商局在下关江岸边设置了南京第一座轮船码头，命名为功德船。从功德船上下来的旅客，如需进城，须向东直走到淮口（即惠民河），渡河至对岸的仪凤门大街（俗称官街），再由此进城；或搭船沿外秦淮河至水西门进城。据南京市下关区人民政府、政协南京市下关区委员会编《下关老地名》（2012）：步行直至淮口的进城者，因有河相隔，无法迳至对岸，只能再沿堤岸往南走，至淮口渡船处摆渡，如此，渐渐就走出来了一条呈7字形的土路。

光绪二十年（1894），湖广总督张之洞署理两江总督。张之洞发现："下关地方来往轮船均于江中停泊，用小划渡客到岸，其时必值四五更之交，江流奔涌，风浪昏黑，往往失事。上岸后又须渡一河始能入城，其水即秦淮入江之处，古名淮口，水势湍急，每遇涨发溜下之时，小艇黑夜横渡，亦甚危险，由岸登轮者情形亦复如此，商旅苦之。历经地方筹款设救生船，不敷肆应"［张之洞《金陵设立趸船、修造马路片》（光绪二十一年十二月十九日），《张之洞全

　　接官厅码头照片，大约摄于1899-1903年，图中蜿蜒的马路即
江宁马路之河西段（摄：［英］贺智兰）

　　集》第二册，河北人民出版社1998年版］。针对这样
的问题，张之洞于次年"酌提地方及盐务捐款"，做
了三件事：兴建了接官厅码头，建造了洋式活桥（惠
民桥），修建了通往城内的江宁马路。其中，江宁马
路的河西段，即今天下关大马路的前身。

　　光绪二十一年（1895）夏，张之洞"饬道员桂嵩

庆，自仪凤门外下关淮口以西新设马头（按：即接官厅码头）起，修造马路，至城内碑亭巷止，计长十五里，计工料银三万余两，官民便之。"此即为南京现代化道路建设开端的江宁马路。该马路用砖石铺成，石料采自紫金山，参照上海租界的马路技术结构标准，路幅达到了6～9米，可通行东洋车（即人拉两轮车，又称黄包车）和轻马车，极大地改善了下关与城内的交通状况。

自1895年建成启用开始，直至1929年中山大道竣工，江宁马路一直是自下关入城的主要道路。1899年

1910年的鼓楼

1920年的仪凤门

11月15日，来南京访学的日本东洋史学家内藤湖南，骑驴而过江宁马路，不由地感叹："这条马路平坦，细柳夹道"（［日］内藤湖南《金陵游》，卢海鸣、邓攀编《金陵物语》，南京出版社2014年版）；1929年，江宁马路给行人的观感依然是"垂柳夹道，迤逦而南"（方继之编《新都游览指南》，上海大东书局1929年版）。可见江宁马路的平整和路两旁的杨柳，一直都让人印象深刻。张之洞对江宁马路是颇为自得的，在奏

内藤湖南

张之洞

折中他说："三月以来，贫民食力者竞造手车，以为生计，往来如织。马路两旁，小民购地造屋者日多，不过三年可成街市"。［张之洞《金陵设立趸船、修造马路片》（光绪二十一年十二月十九日），《张之洞全集》第二册，河北人民出版社1998年版］在法国

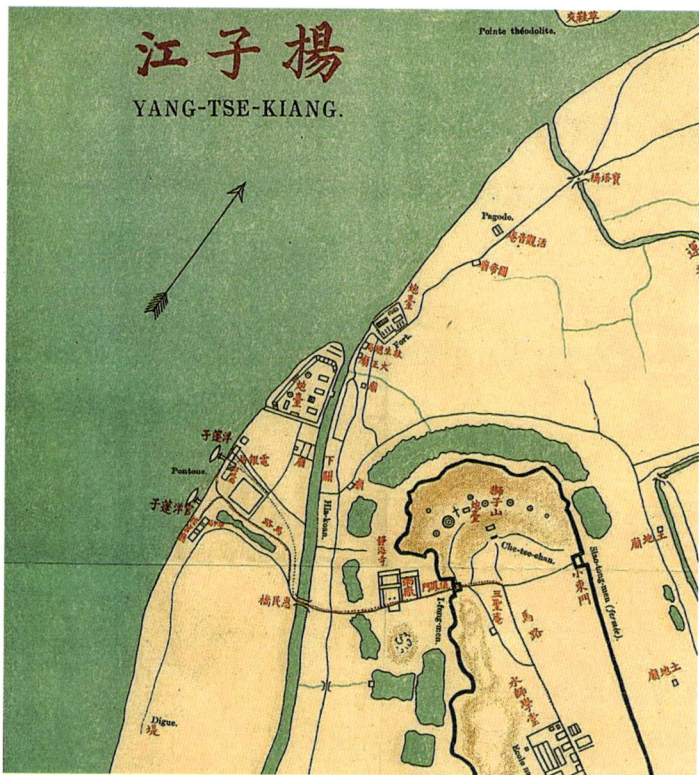

法国传教士方殿华1898年绘制的南京坐标地图《江宁府城图》（局部）

传教士方殿华1898年绘制的南京坐标地图《江宁府城图》中，可以清晰地看到，除了仪凤门至鼓楼之间有"马路"的标注之外，接官厅码头与惠民桥之间，也有"马路"的标注，此即江宁马路的河西段（惠民河以西）。光绪三十二年（1906），河西段拓宽改造，拓宽改造后的这条7字形马路，长616米，宽8米，西起接官厅码头，东沿惠民河向南至惠民桥，南接商埠局（今商埠街），正式更名为大马路。

下关大马路商业街区的形成与发展

下关大马路商业街区的发展，经历了从形成到快速发展、繁荣兴盛，再到衰落等阶段。街区核心范围大致为：东连下关车站，西临长江各码头区，南连惠民河，北至龙江路。二十世纪二三十年代，下关大马路商业街区一跃成为南京最繁华的商区，其影响力甚至超过了夫子庙，近代许多重大历史事件和重要开埠通商活动都发生在这里。

光绪二十五年（1899），南京开埠后，金陵关即设在江口，开始有商人在今大马路一带沿街造屋，设店经商，渐成街市，各种洋货店及商行、酒肆、茶楼、旅馆与日俱增。光绪三十二年（1906），两江总督端方批准修筑和拓宽3条马路：即太古码头至金陵关的沿江马路（今江边路一段）、金陵关至惠民桥（即江宁马路的河西段，也即大马路）、入城马路至怡和码头（今营盘街），并设置煤油路灯，在下关设立巡警局及清道机构负责管理。之后，二马路、三马路等街市也相继形成。1909年1月，宁省铁路（俗称"小火车"）通车，起点站江口车站即位于大马路西端，大马路一带迅速发展起来。

1913年2月28日，交通银行在大马路设浦口分行，简称浦行，属沪行管辖，为下关第一家近代银行。同年，江苏省城警察厅在大马路设下关商埠警察署。1916年，法国天主教在大马路西南侧的天光里、天保

下关码头，远处为中国银行南京分行下关办事处及江苏邮政管理局大楼

20世纪30年代的下关大马路

里、天祥里等兴建里弄住宅房屋群。1918年，江苏邮政管理局大楼在大马路动工兴建，1921年竣工使用。二马路的新世界电影院则于1929年开业，放映无声电影。至20世纪30年代，以大马路为中心的江口地区，洋行林立、店铺鳞次栉比，各国商旗，各种店招、幌子则让人眼花缭乱。

据《下关区志》（2005），此时仅大马路沿街就有西服店18家，绸缎庄4家，"招商""大东""中华""荣鑫""萃华""方发""金陵""春台""天乐""建业楼"等旅馆，"得意楼""庄孚信""周兴园""一品香""永顺"等饭店，以及"荟芳""迎春"等清唱茶社。较有名气的店铺则有荣盛泰古玩铺、达丰洗染公司、专营布鞋的戴金锦鞋店、沈幼谷照相馆、天然池浴室以及大方(货)栈、多利栈等。尤以大西洋钟表眼镜公司、庆华鞋帽洋货庄和铁路桥口的泰成、大华绸布店最具规模。据生活在大马路的老人回忆,那时候,大马路的鞋帽洋货店一有新货,南京城的太太小姐们就会闻讯赶来。这里货多,款式又新,追求时髦的人都喜欢来转转。

大马路的繁荣也带动了周边商业街区的形成与发展。1911年,起初暂借江边招商局南京分局的局房办公的商埠局,在惠民河西岸中段李家圩官地上排水填土,兴建了一座两层楼的青砖办公房,此后,以此形成街道,初名"商埠局",后改名"商埠街"。商埠街位于惠民河西侧,全长1华里多一点,南起永宁桥(后易名为复兴桥、中山桥),北至惠民桥,与大马路相连,很快成为下关乃至南京著名的繁华闹市区。在商埠街上,英国人设立教堂、开设货栈、新办工厂;南京市工务局下关办事处、财政局下关办事处、社会局下关办事处、卫生局屠宰场下关检验所也都在此设立办事机构。1911年,金陵大戏院在此建成开

1937年，站在中山桥往北拍摄的惠民河，远处为惠民桥

业，有座位近千个，成为下关最早的文化娱乐场所。

1924年，"和记洋行"买办、实业家韩永清在金陵大戏院对面建公寓式花园住宅，俗称"花园洋房"。韩永清乐善好施，孙中山曾为他亲笔题写"博爱"横幅留念，他当时担任下关商会会长，后定居上海，兼任上海红十字会会长。

此外，惠民河对岸的街市也随之进一步繁荣起来，随着沪宁铁路与宁省铁路相继通车，这一带入住居民、客流也与日俱增，各类服务行业、娱乐场所应运而生，与大马路、商埠街连成一片，成为"烟户万余家，商店数千户"的新兴商贸区。鲜鱼巷北端成为银行、钱庄、邮政、电报和报关等行业集中地，旅馆、茶社、饭店、照相等行业也随之兴起。另外，由于街临下关车站，物流行业也很发达。1931年《最新首都指南》载："首都繁盛市街，分城内与下关两部：……下关以鲜鱼巷、龙江桥、惠民桥、大马路、二马路等处为最热闹。下关商埠，因地位关系，以旅馆业最发达，其次为转运业，再次为洋广杂货，因便来往商旅之需要使然也。夜市往往延至十一时半。"（［民国］周汉章编《最新首都指南》，民智书局1931年版）

1920年，为适应下关地区的发展趋势，下关商埠局编制了《南京北城区发展计划》。这是南京第一部近代意义上的城市规划。该计划力求顺应南京北城区用地的扩展趋势，并加强、改善下关新区与城南老城的联系（薛冰《南京城市史》，江苏凤凰文艺出版社2022年版）。1927年4月18日，国民政府定都南京，并于1929年12月颁布《首都计划》。其中的"港口计划"部分强调，南京宜以下关为主要港口、浦口次之，并计划惠民河两旁地段，均拟预留为筑路之用。《首都计划》还设想："下关行将成为一繁盛之商港，宜于扬子江岸傍，辟地以供游憩，该地可以远

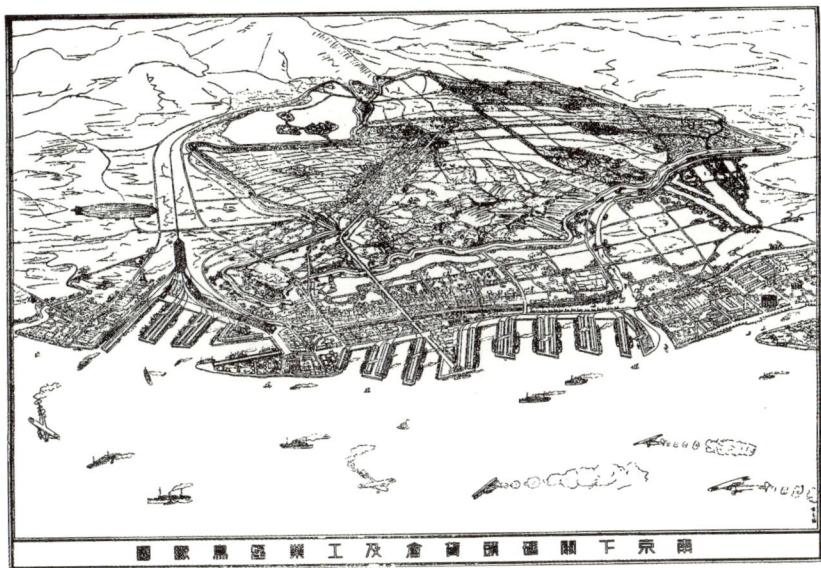

南京下关码头货仓及工业区鸟瞰图（［民国］国都设计
技术专员办事处编《首都计划》，1929年12月）

眺轮舶之往来，并足以便市民迎送往来之游客"。
（［民国］国都设计技术专员办事处编《首都计
划》，南京出版社2018年版）今天来看，这些设想和
计划是很有远见的，有的则已成为现实。

2010年，时年86岁的老人江玉庭在接受访问时，
回忆起小时候家住在大马路的景象，感慨大马路一带
真是热闹得不得了。"这边路口出去，就是轮船客

运码头，那边路口出去，过铁路桥就是火车站。往南全是商铺，有饭店、酒楼、茶馆、百货店铺，家家门前也和现在一样，都摆摊点，整天人来人往，看见的都是人。附近的二马路、三马路也很热闹，旅馆、浴室、戏院、绸缎庄、成衣店、钱庄、银楼，应有尽有。龙头房那边是火车头停靠的地方，经常过来过去的，呼哧呼哧的，过来就要拦道，人就堵在那里。所以很多人怕等，就从天祥里或二马路绕出去。"（南京市下关区政协学习文史委员会等编《下关民国建筑遗存与纪事》，2010年12月印）

令人痛心的是，在风光了四十余年之后，1937年8月至12月初，日军对下关沿江一带多次轮番轰炸，大马路、商埠街、鲜鱼巷等商业繁华地区受到严重破坏。天安路、天寿里、二马路、三马路被夷为平地。1937年12月13日，日军占领下关，大马路、二马路一带划为军事用地，辟为碇泊场，大马路多数商店遭毁，下关商业区因此被迫迁至永宁街、鲜鱼巷。大马路的繁华街市遭日军破坏，酒楼菜馆也随之大量减少，多处高档旅馆亦被日军烧毁。同时，由于下关是南京大屠杀的主要场所之一，因此大马路也难逃生灵

1937年南京沦陷前大马路及太古码头景象

侵华日军占领下的下关大马路

1938年，历经浩劫后的下关大马路

涂炭之劫。据《国都咽喉下关之素描》（《南京新报》，1941年6月17日）一文的报道："下关遭日军破坏后，化为一片瓦砾之场，损失极大，市面因之凋零，冷落异常。"大马路南段至今仍留有当年"庆华鞋帽洋货抄庄""大西洋钟表眼镜公司"等商店被炸后留下的门额店招残迹，给人以浓郁的沧桑感。

抗战胜利后，下关的车站、码头虽然逐步恢复了正常秩序，不过大马路街区的商业中心，已逐步转移至绥远路、交通路（原鲜鱼巷、永宁街）、热河路一带。1947年10月，热河路商场建成开业，成为城北最大的综合型商场，下关的百货业由此进一步东迁，大马路相应衰落、凋零。1949年5月13日，国民党空军2架飞机向大马路粮食仓库

空余一块门牌石的下关粮食仓库（赵步阳摄）

投弹3枚，炸毁房屋20余间、棚户5间，重伤5人，轻伤15人，市民损失惨重，大马路雪上加霜。

新中国成立之后，虽然经过重新规划，但是大马路地段的商业功能未能得到恢复。相应的是港口、长江航运以及铁路交通等作为大马路地段的功能主体，得到了一定程度的发展。改革开放以后，由于城市建设的需求，大马路上沿街店面逐步被拆除，其商业功能日益边缘化。到了20世纪90年代，随着铁路、公路事业的快速发展，长江航运业更是进一步受到冲击。随着该区域城市功能的弱化，曾经繁盛的大马路沿江

今下关大马路62号江苏邮政管理局旧址（赵步阳摄）

岸线，一度成为倒闭工厂、堆场等占据的地方，下关地区经济、社会发展进入了瓶颈期。

不过，坐拥历史资源、长江自然资源等优势，下关一带未来的发展仍然值得期待。如今，下关大马路沿线仍然保留了南京招商局办公楼、中国银行南京分行下关办事处、江苏邮政管理局、"天字号"建筑群等一批建于20世纪初的有特色的民国建筑，位于路口的港务局老候船厅则已成为南京下关历史陈列馆。如何结合现有的基础与条件，对该地段进行重新规划和定位，采取有效的保护、修复、传承和创新的手段与措施，将下关大马路街区建设成为生动展示长江文化的窗口，已日益成为一个亟待深入探讨并加以落实的课题。

中篇

下关大马路往事

1936年4月，南京国民政府参谋本部陆军测量总局（以下简称陆军测量总局）绘制了15幅南京下关一带的地图，每幅地图左上角都附有一个六宫格图，借此反映这幅地图与其他2至3幅地图的位置关系。自西及东，自北而南，这15幅地图分别是：《招商码头》《龙江桥》《市路里》《江口车站》《下关车站》《狮子山》《金陵关》《惠民桥》《兴中门》《中山码头》《中山桥》《挹江门》《开滦码头》《二板桥》《法华庵》，比例尺1：1000。根据左上角九宫格图的提示，可得以下位置关系表，据此再将15幅地图拼接起来，则基本可以看到1936年南京下关地区的全貌，特别是下关大马路的全貌，其两侧的重要建筑物也基本一览无余。本篇对于下关大马路相关建筑物空间位置的分析与判断，即以此图（以下简称1936年地图）为主要依据。

陆军测量总局绘制的南京下关一带15幅地图（1936年）
九宫格图例

陆军测量总局绘制的南京下关一带15幅地图（1936年）之位置关系表

招商码头	龙江桥	市路里
江口车站	下关车站	狮子山
金陵关	惠民桥	兴中门
中山码头	中山桥	挹江门
开滦码头	二板桥	法华庵

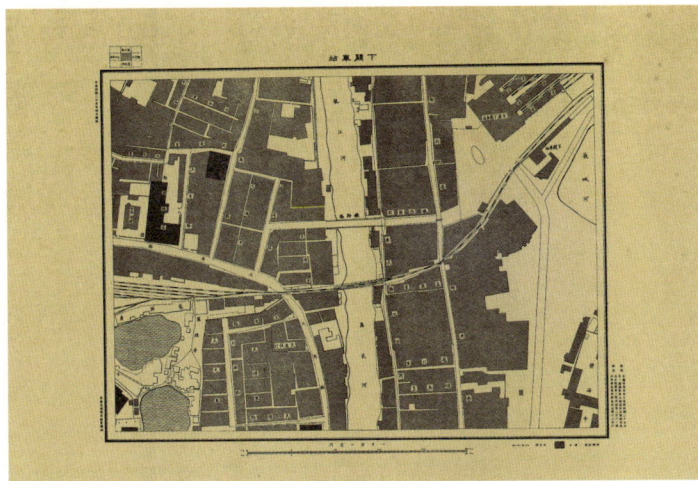

《下关车站》地图（陆军测量总局绘制，1936年）

南京下关一带GIS拼接地图（据陆军测量总局1936年4月
绘制的15幅地图拼接而成）

南京招商局办公楼

南京招商局办公楼旧址（赵步阳摄）

南京招商局办公楼位于江边路24号，紧邻大马路。南京招商局的建立，与下关开埠及其近代以来的发展有着重要的联系。

1872年12月，李鸿章奏呈清廷批准"设局招商"，试办中国现代轮船运输业，以求实现"自强求富、振兴工商、堵塞漏卮、挽回利权"，招商局因此而诞生，成为中国近代创立的第一家民族工商企业。招商局的创办引起广泛关注。时人曾评曰："中国制造船炮，彼人（指洋人）毫无猜忌……惟招商局之设，则群怀隐忧。……此实中外大局一关键"（［清］陈兰彬著，王杰、宾睦新编《陈兰彬集·壹·奏折·咨文·批文谕令》，广东人民出版社2018年版），"李鸿章、沈葆桢创立此局，谋深虑远，实为经国宏谋，固为收江海之利，与洋商争衡，转贫为富、转弱为强之机，尽在此举"（［民国］赵尔巽等撰，许凯等标点《清史稿·卷一四一 — 卷一六三》，吉林人民出版社1998年版）。

国营招商局局徽，"国营招商局"五字，系近代书法家谭泽闓1947年题写

下关也因此"渐形生色"。1882年，在左宗棠的支持下，又指定招商局出资，从芜湖分局调派"四川号"趸船到南京，在下关江边设置了南京第一座轮船码头，命名为"功德船"，使旅客能够直接在岸边上下轮船，免去了不便和江中风险。到了1894年，张之洞署理两江总督，南京迎来又一轮发展高潮。次年，张之洞主持建公用轮船码头1座，为趸船栈桥式码头，命名为"接官厅码头"。功德船和接官厅码头的设立，使得下关江边路一带，成为初具规模的近代港埠。

1899年，南京正式对外开放，成为通商口岸，划定下关惠民河以西地域为中外"通商场所"，外国航商纷纷到下关开洋行，建码头、货栈。同年，招商局

下关江岸

在下关设立了南京招商分局，与英商太古、怡和，日商大阪，德商美最时等码头对峙，展开竞争。在此之前，招商局为了扩充经营规模，先后在下关一带购地100余亩。然而，被招商局委派为司事的庄椿山，却和其胞兄庄润生串通，将以招商局名义购买的100余亩土地的地契，全部交给了英商太古洋行，以致前来设立分局的招商局一时竟无立足之地。其后，几经斡旋，招商局在下关地方的土地一共只剩29亩。然而，就是这29亩土地也未能保全。1906年，该地还未开发利用，又因建设宁省铁路的需要，被商埠局低价收购，

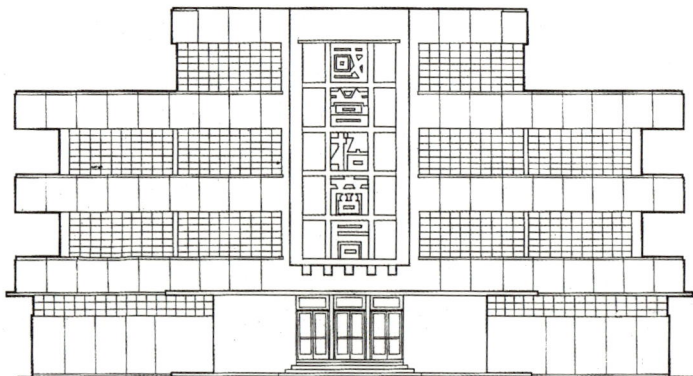

南京招商局办公楼立面图（南京工学院建筑研究所编《杨廷宝建筑设计作品集》，中国建筑工业出版社1983年版）

仅余为建分局而购得的庄润生房屋宅基地约6亩。这样，直到1937年全面抗战爆发，招商局从南京撤退西迁时，始终只有1座码头，几间平房。

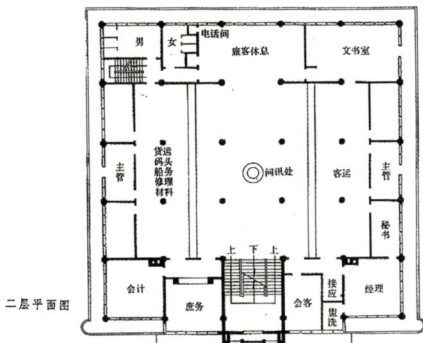

南京招商局办公楼二层平面图
（《杨廷宝建筑设计作品集》）

抗战胜利后，南京招商局复员。在接收日伪产业后，码头增为5座。南京招商局在下关原局房基地上，新建办公楼1座，设计者为基泰

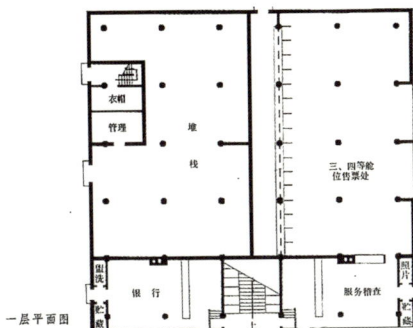

南京招商局办公楼一层平面图
（《杨廷宝建筑设计作品集》）

工程司的著名建筑设计师杨廷宝。1947年12月办公楼落成，由于其造型似一艘扬帆远航的巨轮，俗称"船型大厦"。

南京招商局办公楼（旧址）建筑平面呈正方形，

杨廷宝

外立面为米黄色，坐东朝西，面向长江。主体建筑为三层，局部四层，层高4米，建筑面积3667平方米。由于建筑临江，地质松软，杨廷宝先生与结构工程师研究，最终将408根直径15厘米、长6.7米的杉木桩夯入松软土层进行加固，用1米高纵横地梁加固，上部则采用钢筋混凝土框架结构。

这是一座集候船和办公于一体的综合性大楼。一层主要功能为售票、候船、货栈及银行、服务用房，二层主要功能为对外业务用房，三层主要功能为内部办公和职工宿舍用房，局部四层则安排有电话总机和俱乐部。

杨廷宝先生在建筑主立面的设计上，将正中开间的楼梯间实墙开圆窗，两翼延展为带形窗，四周环以1.5米宽的室外悬挑走廊，并在端部向外延伸半个弧形成水平线条，模仿出轮船甲板的意象，造型轻盈别致，在江

南京招商局（南京港务管理局）办公楼迎江外景（《杨廷宝建筑设计作品集》）

岸边一排排法国梧桐的掩映之下，体现出水运交通建筑的特征。

1949年4月南京解放后，南京市军事管制委员会即接管了南京招商局。其后，随着人民政府的成立，招商局的名称、业务主管部门等屡有变更。1949年南京解放后，4月28日，南京市军事管制委员会正式成立，下设交通接管委员会，负责接管航运、铁路、公路、航空、邮电等部门。南京招商局即在此时被南京市军管会交通接管委员会航运部接管，航运部部长张明、副部长宋香甫兼南京招商局军代表。1949年7月，南京市军管会所属的航运部撤销，南京招商局回归上海招商局总公司领导，宋香甫任招商局南京分公司经理。1950年3月，南京市航政局和南京招商局的秘书、人事、财务三部门合并，成立了南京航务局。该局成立后，招商局南京分公司成为航务局的业务部门，但其建制名称仍在。1951年3月，招商局南京分公司改为中国人民轮船公司南京分公司。同年9月，中国人民轮船公司南京分公司名称撤销，其人员及业务正式并入长江航务管理局南京分局。1952年7月，因长江航务管理局在上海设立分局，南京分局撤销，成立了南京港务局。1961年，南京港务局更名为南京港务管理局。2006年，南京招商局旧址被列为南京市文物保护单位。2010年，南京招商局办公楼被评为南京重要近现代建筑，2013年进行了整体加固修缮。如今，昔日的"船型大厦"作为南京近代开埠通商的见证，也是近代交通与办公建筑相结合的典范，虽已被周围耸立的高楼所掩，但其独特的造型，仍然吸引了人们的注意。

南京港候船室·南京下关历史陈列馆

位于江边路21号的南京下关历史陈列馆，是一座建成于1955年的建筑，前身为南京港候船室。这座建筑的南侧，即下关大马路西口。

据《南京港史》（1989）记载，1951年，曾在下关四、五号码头之间的江岸新建了一座临时性的候船室，仅能容纳候船旅客一两百人。1954年，江边构筑堤防时，这座临时候船室因在堤址以内而被全部拆除。后来，解放军总后勤部和华东军区后勤部将下关大马路西口四号码头对面的一块空地划拨给了南京港务局，由国家投资20万元建造旅客候船室1座，1955年建成。建成的候船室内有候船大厅，可容旅客数百人，并有售票处、问讯处、小件行李寄存处、妇婴候船室、小卖部等设施，使旅客候船的条件有了较大改善。从《南京港史》一书中的照片来看，该候船室门楣处嵌有"南京港候船室"六个字，应该就是这座建筑最初的名字。

20世纪80年代的南京港四号客运码头

南京港候船室平面呈"凹"字形，南北长45米，东西宽26米，坐东朝西，三层砖木混合结构。该建筑造型精美，建筑细部处理丰富。灰白色水泥拉毛外墙面，典雅大方的西洋柱廊和秀气的拱形门窗，门楣装饰仿木结构雀替，又有传统中式建筑风格。

在20世纪80—90年代的南京市地图中，南京港候船室已改称为"南京港客运站（长航）"。那时候，长江干线客运由长航局独家经营，南京人坐船，上水去芜湖、九江、武汉、重庆，下水去镇江、上海，都是到四号码头坐船。因为该码头位于下关，习惯上又称前述候船室为"下关码头候船厅"。今天，四号

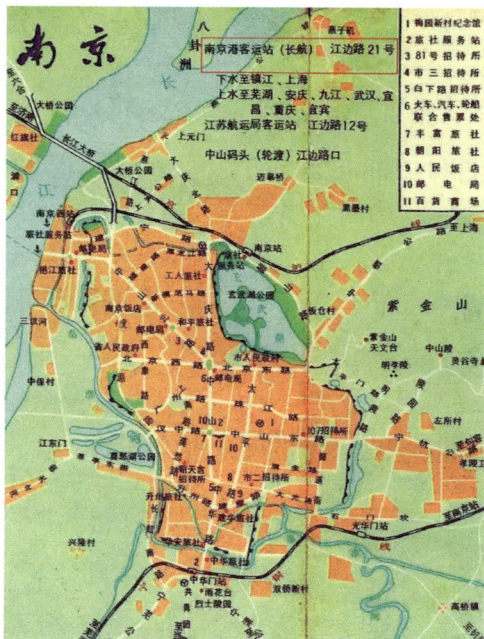

20世纪80到90年代的南京地图，江边路21号记为"南京港客运站（长航）"

码头早已停运，候船大厅也在2012年完成修缮，改建为"南京下关历史陈列馆"和"南京滨江商务区规划展览馆"，以展示老下关的历史和新滨江风貌。陈列馆的历史展区主要分为"大江关钥""龙湾记忆""商埠沧桑""江海航枢"四个单元，充分展示了下关独特的地理位置及其在中国历史上所发挥的重要作用。南京下关历史陈列馆改建完成后，该楼屋顶为简化歇山顶，外立面由土黄色变成了藏青色，门口的立柱漆成了大红色，大门顶部则换上了西式围栏和中式彩画。建筑正面为菱

南京港候船室（吕华清主编《南京港史》，人民交通出版社1989年版）

形格窗的红漆大门，正面中部则有混凝土仿制的中式古典阑额和雀替，窗套为简化的垂花样式。建筑立面构图协调，线脚丰富，装饰精美，是用现代材料和工艺表达中国传统装饰艺术的典型。该建筑虽然不是严格意义上的民国建筑，但却呈现出了浓郁的民国风情。

南京下关历史陈列馆（赵步阳摄）

南京下关历史陈列馆正立面（赵步阳摄）

江口车站

江口车站今已不存，原址是在大马路西口的路南一侧。宁省铁路兴建时，在此设起点站，称江口车站。

下关开埠后，英商怡和洋行、日商日清公司、德

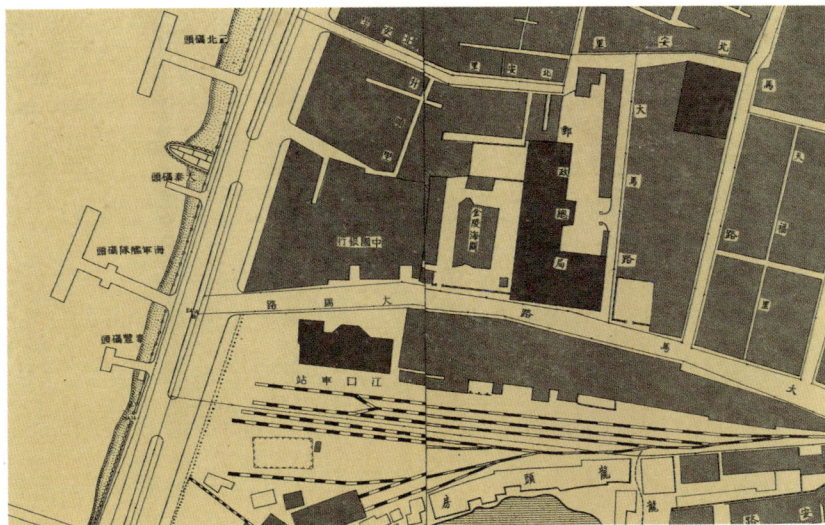

陆军测量总局1936年绘制的南京下关一带地图（局部·江口车站，GIS拼接地图）

商美最时公司等都驻扎江口。这里的万国春番菜馆、江天阁茶馆、第一楼茶馆等都非常有名。鲁迅、周作人、张恨水等名人都来过下关江口。周作人在《南京下关》《喝茶》等文中写道："（惠民）桥的这边有一道横街，道路很狭，有各种街铺，最后至江天阁，可以吃茶远眺，顾名思义当是可以望见长江，其实也只是一句话而已。""江南茶馆中有一种'干丝'，用豆腐干切成细丝，加姜丝酱油，重汤炖热，上浇麻油，出以供客……在南京时常食此品，……所记得者乃只是下关的江天阁而已。"此外，江口一带有名的饭店旅社也很多，如瀛洲旅馆、亚东旅社、凤台旅社、大新旅社、大冶楼旅社、萧培记客栈等。当时有句俗语："南京最热闹的地方在下关，下关最热闹的地方在江口。"

光绪三十三年（1907），两江总督端方上奏朝廷："下关地方早经开辟商埠，现在沪宁铁路又以该处为首站，转瞬路工告竣，百货流通，商务必日臻繁盛，惟城内地段辽阔，市场麇集西南，下关滨临大江，远在城北，平日行旅出入往返，动须经日"［端方《筹设宁垣铁路片（光绪三十三年九月）》，《端

端方

忠敏公奏稿》卷九〕，因此建议兴建一条连接沪宁铁路和南京市区的铁路，获得批准。端方委派江南商务总办王燮为工程总办，聘请英国人格林森为总工程师，动支白银40万两，于当年11月25日开工建设，1909年1月，宁省铁路全线竣工，次月通车。这条铁路全长7.3公里，当时设江口、下关、三牌楼、无量庵、督署及中正街共6座车站。1936年，这条铁路向南延伸3.8公里至城外养虎巷，与先期通车的商办江南铁路中华门站接轨。至此，该铁路自下关江口站至城南全长15公里，设车站9座，分别是：江口站、下关站、三牌楼站、丁家桥站（劝业会站）、鼓楼站（无量庵站）、国府站（督署站）、中正街站、武定门站、中华门站。

宁省铁路是当时中国各大城市中唯一的小铁路，是南京市最早的轨道交通，同时也可以认为是南京城区现代化公共交通事业的发端。宁省铁路运行的50

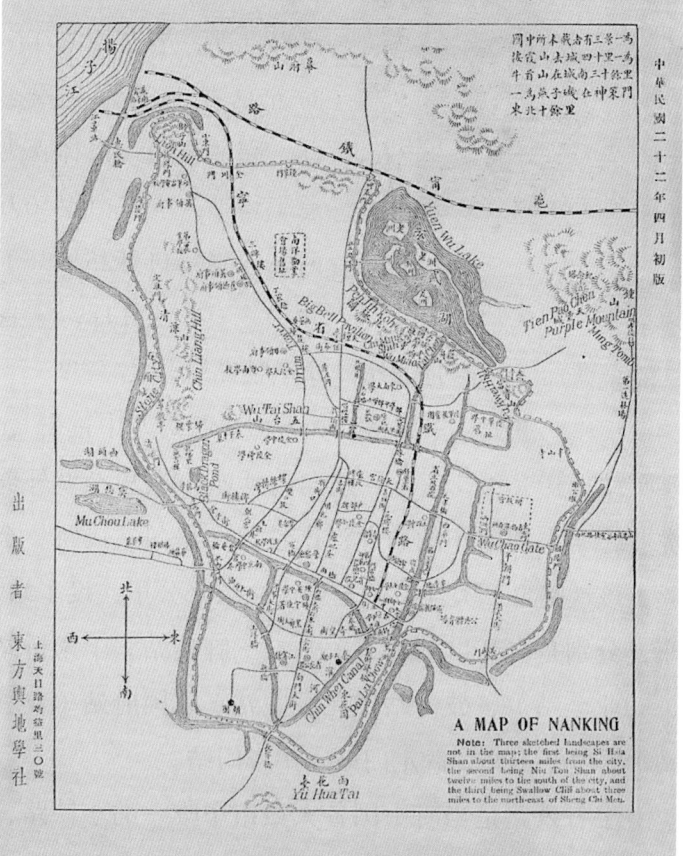

《最新南京简明地图》，图中绘有宁省铁路，并标示了
停靠各站站名

年间，随着经营管理机构的变更，先后又有"江宁铁路""京市铁路""南宁线""宁市线"等正式名称。据南京地方文史学者陆晖考证，宁省铁路配备美国纽约敦刻尔克布鲁克斯机车厂制造的机车两台，头等、二等车厢合用1节，三等车厢4节，邮政和行李车厢各2节，另有木质篷车、铁质水箱车、花车等，共17节车厢。花车装饰精致，富丽堂皇（陆晖《南京"小铁路"史话》，郑军主编《铁道上的江苏记忆》，中

宁省铁路行车时刻表（《南洋劝业会游记》，商务印书馆1910年版）

国铁道出版社2023年版）。宁省铁路的轨道与其他铁路一样，只是路程短，站距近，行车速度很慢，故南京人称之为"小火车"。

江口车站位于接官厅码头西南侧，占地29亩（近2公顷），设有4条站线、1条入库线和4座货栈，另有1座仓库。江口车站作为宁省铁路的起点站，其建筑是沿线各车站中最好的。车站建有两层西式楼房，地面全铺菱形瓷质花砖。宁省铁路还在大马路建筑市房数十幢，每月收取租金作为养路费用，并在江口站对面建水塔、煤台、打水房、机车厂等附属建筑。

张恨水的长篇小说《满江红》中，有李桃枝赶到下关的江口车站预备向于水村表白的情节。2004年，根据这部小说改编的电视剧《红粉世家》播出。另据《老下关记忆·商埠沧桑》一书记载，家住天祥里的第一代住户张姓老人生前回忆："江口车站大门面对大江，……车站是西洋式的二层楼，……我就记得车站里面的地是水磨石的，光滑的跟镜子一样，上面还有一些菱形的图案。门口的台阶是水门汀的，很平整，比石头砌的高级多了。门有四扇，中间两个大的对开，旁边稍窄一点，单开。都是玻璃的，很洋

1938年，遭日军轰炸后的下关大马路一带，左为京市铁路江口车站［卢海鸣《南京近代建筑（下）》，南京出版社2024年版］

气。楼上还有阳台，洋灰做的花瓶栏杆，很惹眼。日本鬼子来之前，江口最热闹，灯红酒绿，晚上全是霓虹灯，闪过来，闪过去。江口车站楼上的几个字也是红的霓虹灯。"从这段讲述，以及张恨水小说中的情节，可见当时江口车站一带的繁华与热闹程度。

1937年，全民族抗战爆发。12月，江口车站与附近的天安路、二马路、三马路遭侵华日军飞机炸毁，成为废墟。江口车站被毁后，一度每日只开行数班军用列车。1939年4月该线恢复客运后，始发站改为下关车站，江口车站则被日寇改建为仓库货运专线车站。抗战胜利后，江口车站始终未能恢复，全线按8站运行。南京解放以后，该线更名为"宁市线"，归属上海铁路局管辖，直至1958年被拆除。

龙头房

据国民政府参谋本部陆军测量总局绘制于1936年的下关一带地图，龙头房的准确位置，在下关大马路南侧的江口车站4条站线以南，东临天光里。实际上，龙头房就是火车机车（即火车头）车库。火车到站之后，火车头退到机车车库，在那里加水、检修、调头，然后再去拖车厢。此外，火车头有故障了，也在那里维修。因为那时候的老百姓称火车为长龙、铁龙，称火车头为龙头，火车机车车库便被自然地称作龙头房。据《南京地名大全》（2012）记载，龙头房一带"后成巷，遂以此得名"。

"龙头房"这一地名，似多见于近代以来的长江下游城市，上海、浙江嘉兴等，均有龙头房这个地名；诗人屠岸写于抗战时期的《漂流记》，则记有常州戚墅堰的龙头房。此外，在南京，除了下关龙头房以外，津浦铁路机务段一带也被称为"龙头房"。这些"龙头房"地名的来源，都与铁路有关，最初当地

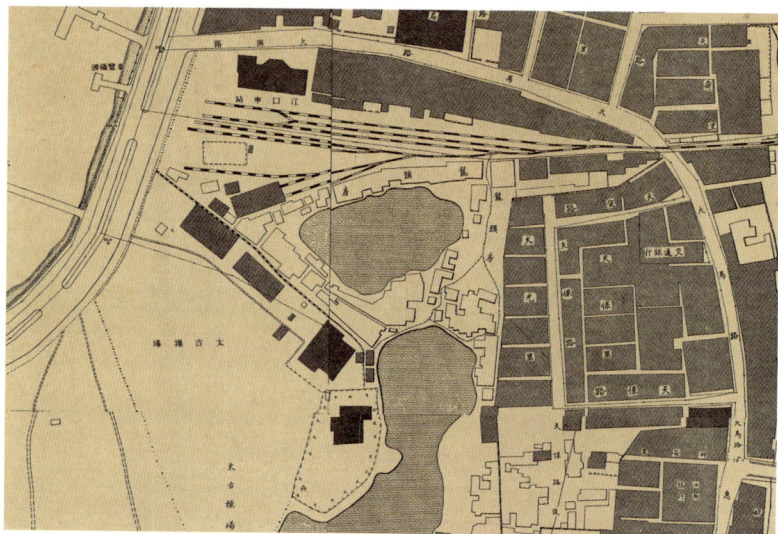

陆军测量总局1936年绘制的南京下关一带地图（局部·龙头房，GIS拼接地图）

都有机车车库。

《申报》《中央日报》记载了两则下关龙头房的新闻。当时，龙头房一带居民所住，以草屋为主，以致容易发生火警。1931年4月6日傍晚，一妇人清明节期间烧纸祭奠，以致龙头房一百一十三号的宝应人季歧山家草屋顶被烧穿，延烧二百余家，共毁瓦草房屋三四百间，至晚上9时许才逐渐熄灭；1932年10月15日凌晨，龙头房一零九号的仪征人萧义季，因其住房隔壁山东妇人王杜氏家失火，烧穿其家屋顶，最后延烧住户五家，焚毁草屋五间。根据新闻，季歧山是在煤炭港车站当工人，"一家数口，尚堪温饱"；萧义季则以在江岸各轮船码头摆设食物摊、售卖稀饭粉丝为业。而据其他资料显示，1928年前后，沪宁路在下关龙头房之工人，每人每月至少有五六十元之收入。

《下关龙头房昨又有火警》
（《中央日报》，1932年10月16日）

《下关大火延烧两百余家》
（《申报》，1931年4月8日）

龙头房路（赵步阳摄）

工人生病，则有可以诊治而不要钱之铁路医院，在病期内并不扣薪，每年还有例假。待遇尚可。可见，此地当时居民，主要是以工人及手工业者为多。今天，江边路附近尚有"龙头房路""龙头房南巷""铁路埂"等地名，草屋早已不见踪迹，而是被高楼大厦取而代之了。

中国银行南京分行下关办事处

中国银行是我国历史最为悠久的银行。其前身可追溯至1905年清政府成立的大清户部银行，总行设于北京，1908年，改名为大清银行。1912年中华民国成立后，孙中山下令将大清银行改名为中国银行，赋予中央银行职能。1928年，中国银行成为政府特许的国际汇兑银行。

中国银行南京分行下关办事处旧址，位于今下关大马路66号，建于1923年。该幢建筑坐北朝南，占地面积1724平方米，建筑面积2047平方米。平面呈"凸"字形，钢筋混凝土结构，高三层，半地下室一层。从平面看，该建筑分三段，正面中间有六根巨大的爱奥尼亚式巨柱直达二楼，顶部有一个八面体的钟楼，四面开窗，两翼高三层。主楼的基座为花岗岩，墙壁为水刷石面；一层为拱形窗，二三层为长方形窗。整个建筑显得高大雄伟，坚固美观。

中国银行南京分行下关办事处旧址（张娟摄）

2006年，下关大马路66号建筑以"中国银行南京分行旧址"入选第六批江苏省文物保护单位（杨羽、张娟摄）

1955年，该幢建筑成为南京河床试验站的办公场所，现为长江水利委员会水文局长江下游水文水资源勘测局的办公场所。

该幢建筑虽然是以"中国银行南京分行旧址"被公布为江苏省文物保护单位，但是近年来，《老下关记忆·商埠沧桑》（2015）、《南京近代建筑（下）》（2024）等书提出，这幢高大醒目的爱奥尼亚柱式建筑，前身实际上是金陵关，只是到了抗战胜利后，才一度成为中国银行南京分行的办公场所。这一说法的主要依据有：

在20世纪80年代的社会调查中，据长期居住在大马路一带的老人们说，金陵关的楼顶与邮局那栋楼的楼顶是一样的，都是半球形穹顶，不同的只是颜色，金陵关的穹顶是红色的。从小住天光里的退休工人张新明在接受访谈时谈道：他小时候听爷爷讲，南京河床试验站的那幢楼房，解放前是中国银行南京分行下关办事处，银行是民国时候设立的，在此之前应该是海关所在地。他说：楼顶的小楼造型就是标准的海关钟楼的造型，可以肯定，银行大楼的前身就是金陵关（南京市下关区政协学习文史委员会等编《下关民国建筑遗存与纪事》，2010年印）。另外，美国圣公会传教士、南京大屠杀的亲历者约翰·马吉先生1937年12月30日的日记写道："过去的10天中，日本兵在整个城市里到处放火，除了外国人在下关的最好建筑——邮局和海关外，整个城市被逐步地烧毁了。"

结合目前下关大马路仅余66号、62号（江苏邮政管理局旧址）这两座民国建筑的现状，有研究者认为，马吉日记中提到的"海关"，指的也就是下关大马路66号的这幢建筑。

《老下关记忆·商埠沧桑》（2015）一书进一步认为，最初设在下关的中国银行机构只是一个汇兑所，规模不可能大，所以用不着在1923年耗费巨资来建造这么一幢豪华的营业场所。直到抗战胜利后，中国银行才在下关设立办事处。也就是说，抗战结束后中国银行才有了使用这幢建筑的必要性。此说有待商榷。因为中国银行下关办事处早在1916年就已经设立了。据《中国银行业务会计通信录》1915年第十二期所载《南京中国银行下关汇兑所改为下关办事处办法（四年［1915］十二月）》：自明年（1916）一月一日起，下关汇兑所改为下关办事处。1946年《中国银行职员录》一书，在"南京下关办事处"条目下也明确记载：原系汇兑所，民国四年（1915）三月一日开业；于五年（1916）一月一日改办事处，三十五年（1946）一月十日复业。如此看来，中国银行在下关大马路自行建造一幢高大、雄伟建筑的可能性，还是存在的。

"Bank of China，Nanking"，1926年摄（陆晖提供）

　　南京地方文史学者陆晖搜集到该幢建筑1926年的一张照片，照片下方以钢笔注有"Bank of China，Nanking"（中国银行，南京）字样，这就说明，在1926年，即使此幢建筑属于金陵关，也很有可能已经与中国银行发生直接关联。

　　下关大马路66号的这幢建筑究竟是不是"金陵关"旧址？下文即结合对"金陵关税务司公署"的介绍，做进一步讨论。

金陵关税务司公署

1899年5月1日，金陵关正式开关，最初的办公地点在接官厅码头处。金陵关的设立，标志着近代南京商埠的开辟。

金陵关开办经费经两江总督奏明核准，在该关洋药厘金内拨银4万两，其中，2万两交税务司建造公馆，2万两用于购买关房地基、修理趸船等项，并订金陵关试办章程，船舶停泊界限上自新滩尾，下至水浮池（即老江口）。此外，还设有大胜关、划子口、救生局、浦口共4个子口。该4口虽然距离金陵关较远，但因只查验货运单据，并不抽税，所以由海关监督派驻4处办公，不属税务司管辖，为50里外常关。

据《南京海关志》（1993），金陵关成立当年，共有外国人23名，华人110名，不过税务司和重要职务都由外国人担任，中国政府虽然也派了吴炳祥、黄承乙、徐树钧任金陵关监督，掌握税款的出纳和办理交涉事宜，但实权仍掌握在税务司英国人安格联手中。

此外，金陵关还代管邮局。

1937年，日军攻占南京前夕，金陵关分批撤到汉口，只留下税务司英国人许礼雅等7人坚持工作，办理海关业务。12月13日，日军占领税务司公署。1938年1月5日，除了许礼雅继续留守外，金陵关其余人员撤至上海。1月24日，许礼雅最后离开南京，搭乘"凯普顿"号轮船抵沪。金陵关留守人员撤至上海后，即在江海关金陵关办事处任职。

1942年6月1日，伪江海关南京转口税征收处正式成立，开征转口税；1943年5月，伪江海关南京转口税征收处更名为"海关转口税征收所南京总所"，隶属伪海关总署。

1945年日本投降后，金陵关恢复办公，直属总税务司。1946年5月1日，金陵关恢复为独立海关，隶属国民政府财政部，主要业务有关税稽征和管理江务等。此时，金陵关的关税来源主要是国际邮包，由金陵关会同邮局拆验估价，开具税征。金陵关在建康路和下关邮局设有税务支所，专门办理上述事项。同时，为加强江务工作，金陵关设有巡江事务所。

1949年4月23日，南京解放，金陵关由南京市军事管制委员会派军代表接管。同年12月5日，中央人民政府海关总署申办第一号命令：金陵关应予裁撤，现有员工除了为保管档案、关产以及视南京巡江事务处工作之需酌留数名外，其余员工应由办事处分别处理。1950年5月23日，金陵关税务司宋克诚奉中央人民政府海关总署命令，在《新华日报》上发布公告：金陵关于本月25日结束，该关原管业务，除江务部分仍由江务处继续管理外，其余一律停止办理。5月25日，金陵关正式关闭。

金陵关的关址究竟在下关大马路的什么位置？一直以来，都是一个有待解决的疑点。不过，在将陆军测量总局1936年绘制的《江口车站》《下关车站》两幅地图拼接起来之后，就可以发

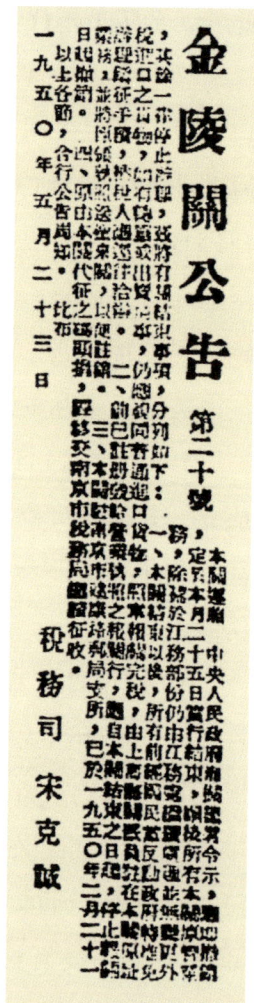

金陵关公告第二十号
（1950年5月23日）

现，在大马路西口，沿街北面一侧，自西向东，依次标注了三个重要建筑的名称，分别是：中国银行、金陵海关、邮政总局。金陵海关在中国银行和邮政总局之间，门口则有一片空地。地图上所反映的金陵关的这一地理位置与空间布局，可以与那个时期的档案、新闻报道、照片等文献资料相互印证。笔者在下文即对此作进一步分析。

1930年1月11日，《中央日报》一则题为《金陵海

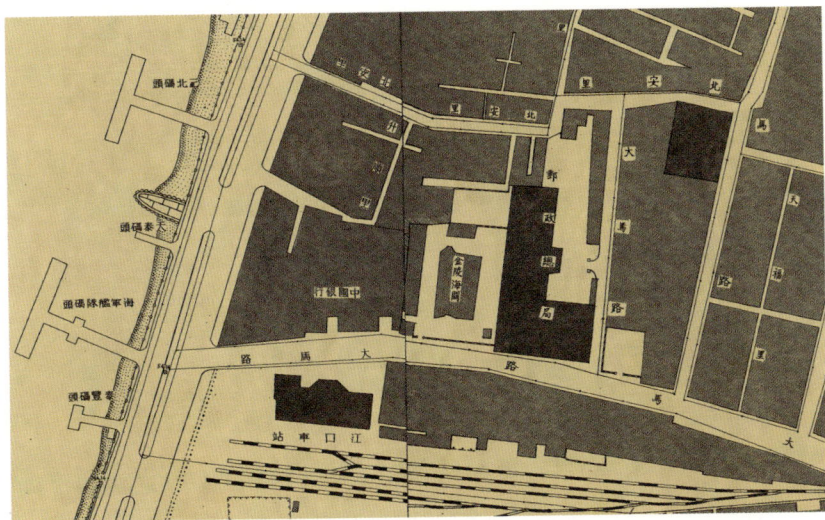

陆军测量总局1936年绘制的南京下关一带地图（局部·大马路西口，GIS拼接地图）

金陵海關昨晨焚土紀

▲共燒煙土煙膏三千一百餘兩

▲京市各機關均派員蒞場監覝

■到場之人物：

■焚燬之情形：

■土膏之數量：

《金陵海关昨晨焚土纪》（《中央日报》，1930年1月11日）

关昨晨焚土纪》的新闻，为我们确认金陵关的位置提供了关键性的依据。据报道，1930年1月10日，金陵关将上年10月至12月间抄获的三千一百余两烟土，在南京各机关所派代表的现场监视下当众焚烧。各机关代表到了金陵关后，先是到后面的"招待室"内签名、休息，而"是日焚土场所，仍就下关大马路邮局隔壁，该关办公室前之广场上"。根据这一描述，金陵关办公室位于江苏邮政管理局隔壁，前为广场，这一空间情形，与前述1936年地图上反映的情况是一致的。

　　而在南京市档案馆所藏《金陵关临时办公室

贈部支京南　　（路馬大關下在面正）關陵金

"金陵关"（《关声》，1930年第12期）

（Temporary Custom House）》（英文文件，1923年）的建筑草图上，我们可以注意到，金陵关办公室前，确有一广场，后面则有一房间注明是招待室（Reception Room），这两点与《中央日报》新闻里的描述是一致的；而在此办公室的东西两侧，分别注有邮局和银行字样，则与前述1936年地图中的空间关系也是一致的。此外，在1930年第12期《关声》杂志上，刊登了一张金陵关的照片，其下有说明文字："正面在下关大马路"，表明这张照片是从金陵关的背面拍摄的。对比这张照片和1923年的建筑草图，可

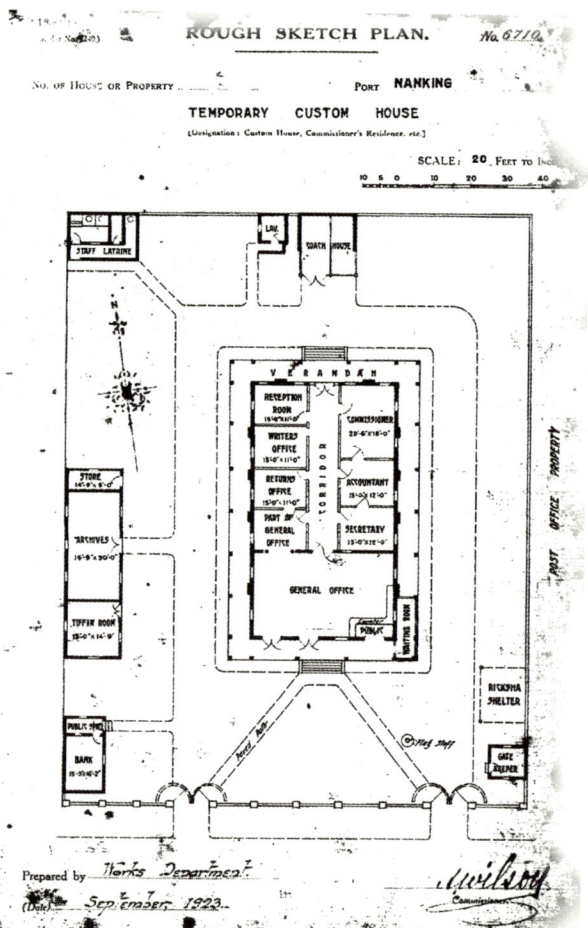

ROUGH SKETCH PLAN. No. 6710

NO. OF HOUSE OR PROPERTY   PORT **NANKING**

TEMPORARY CUSTOM HOUSE

[Designation: Custom House, Commissioner's Residence, etc.]

SCALE: **20** FEET TO INCH

《金陵关临时办公室（Temporary Custom House）》
［南京市档案馆藏，档案号：1047 - 001 - 0009（00）0002，
转引自曹家铭《南京下关大马路历史地段保护性设计研究》，
东南大学硕士论文，2018年］

以发现，照片上的金陵关是一座坡屋顶平房，其后有台阶，且围有游廊；而在建筑草图上，在招待室后注明游廊（Verandah），游廊下绘有台阶，与照片中的实景也是一致的。

根据以上对相关文献资料的分析，基本可以确认，金陵关的位置就在今天的下关大马路64号，现在是中交三航局第三工程有限公司下属单位的所在地。

另据《南京海关志》（1993），1945年日本投降后，9月23日，陈道任（按：应为陈任銜）奉命担任金陵关税务司，接收伪海关转口税征收所南京总所。接收金陵关关产清单中，载有几处办公用房，其中一处为金陵关税务司公署，在下关大马路118号。该房构造形式为平房。南京沦陷后，被日军占用。接收时房屋内部损坏不堪，门窗全被拆去。该办公用房于1946年3月20日起租赁给中国农民银行下关办事处，租期定为3年。（南京市地方志编纂委员会、《南京海关志》编纂委员会《南京海关志》，中国城市出版社1993年版）这个说法，与前文所引各相关文献资料也是基本吻合的。1936年地图里所绘中国银行与邮政总局之间的"金陵海关"，应该就是"金陵关税务司公署"。

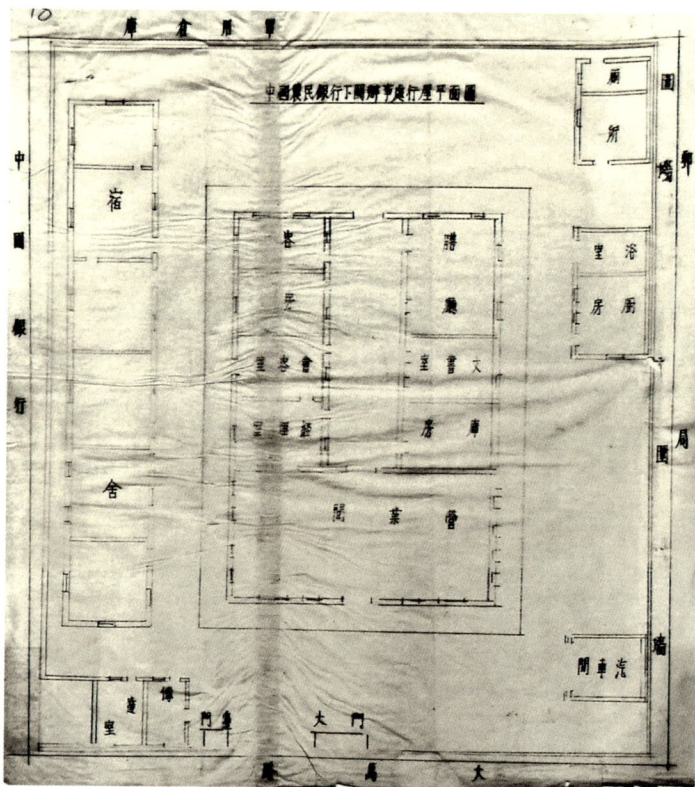

　　1946年3月，金陵关将大马路上房产租给中国农民银行下关办事处，此平面图为租赁合同的附件。据此平面图可知，金陵关该处房产东侧围墙外为邮局，西侧即中国银行，与1936年地图上反映的空间情形一致。2025年2月28日在南京瞻园罗尔纲史学馆开展的"灯火大马路——南京商埠史料文献展"上，展出了租赁合同及此平面图的复制件。原件藏南京市档案馆

　　"金陵关税务司公署"的位置虽然可以确认了，但还有一个疑问：这座坡屋顶的平房就是金陵关的全部？毕竟，前文所引大马路老人的口述史料和约翰·马吉日记，也是重要线索，证明了下关大马路66号建筑与老金陵关有密切的关系。虽然此说又确实与1923年金陵关临时办公室建筑草图、1936年地图、1946年中国农民银行下关办事处行屋平面图等资料所反映的信息存在明显冲突。那么，会不会有一种可能：下关大马路64号是金陵关税务司公署，而下关大马路66号既是中国银行南京分行下关办事处的营业场所，同时又有一部分兼做金陵关其他部门的办公地点。关于这一点的确认，还有赖于更多史料的发现。

　　下关大马路64号，现在是中交三航局第三工程有限公司下属单位的所在地（赵步阳摄）

江苏邮政管理局

江苏邮政管理局旧址位于下关大马路62号，与大马路上另一座民国建筑相比，其体量更大。

南京邮政事业始于1897年。当时，镇江邮政局在南京贡院街设立了南京邮政支局。1899年，南京辟为通商口岸后，正式在下关设立南京邮政局。1912年，中华民国临时政府成立后，改大清邮传部为交通部，改大清邮政为中华民国邮政。1914年，改组全国邮区，以每省设一邮务区为原则，划全国为21个邮区，并于省城内设一邮务管理局。南京邮政局因此改称为江苏邮务管理局，地址在大石桥，管辖除上海及其附近地区以外的江苏省内各地邮政局所447处，邮务长为英国人李齐。

1918年，由于人员变动及邮局业务的发展，遂于下关大马路建造新局。新局大楼由时任邮局帮办、英国人睦兰主持建造，占地面积2000平方米，建筑面积4800平方米，共有房间128间，耗资近25万元。主建筑

下关大马路62号，江苏邮政管理局旧址（赵步阳摄）

为钢筋混凝土结构，总平面呈"L"形，包括南楼和北楼两部分，由设在上海的著名建筑设计事务所通和洋行设计。沿街的南楼呈东西向布局，正面外墙写有"1918"字样。

新局大楼平面呈矩形，立面采用殖民主义外廊式建筑风格。地上三层，地下两层，立柱厚檐，平屋顶。楼顶建有一座穹顶的两层塔楼。建筑物的柱侧、

江苏邮政管理局（［美］海菲尔摄，约1941—1945年，现藏于圣地亚哥航空航天博物馆）

江苏邮政管理局（旧址）水刷石浮雕（杨羽摄）

檐口、腰线及门楣等处都做有水刷石浮雕，图案精
美。建筑物拐角、底层柱面为普通水泥斩假石粉刷，
墙面为水刷石，局部侧面为普通水泥砂浆粉刷。该建
筑的外部粉刷后来成为南京各类西式建筑水木作的
样板。在主楼的后面，则有一个面积达400平方米的
院落。

江苏邮政管理局（旧址）塔楼（赵步阳摄）

南楼底部为邮政大厅，空间宽阔。大楼四周设有全浇混凝土楼梯，压花方铁栏杆，硬木扶手，宽边踢脚线。楼层为内廊式，楼中部设有两处采光天井，阳光从屋顶天窗直射到二层。走廊沿天井布置，房间设在建筑四周。屋顶是一座可登临的平台。穹顶塔楼就矗立在平台中央，内有木制楼梯，可供人登临远眺。

北楼呈南北布局，平面为矩形，南侧山墙与南楼的西北角相接。北楼主入口位于东侧，外墙呈"八"

江苏邮政管理局（旧址）后院北楼

邮递员在江苏邮政管理局（旧址）门前整装待发

字形，门厅凸出于外。楼梯正对门厅，位于平面正中，将北楼分成对称的两个部分。一楼原为邮政局印刷厂，二楼则是邮政培训学校的学员宿舍。北楼原有两层，屋顶应为孟莎顶，两侧开老虎窗，现屋顶已拆除，增筑为三层楼。

1929年4月，江苏邮务管理局更名为江苏邮政管理局。1937年11月底，日军逼近南京，邮局的工作人员迁至英国商轮"万通"号，清晨上岸坚持工作，夜晚回轮。12月18日，工作人员全部撤到上海，在上海邮政管理局设临时办事处。日军攻陷南京后，在南京城里到处放火，下关的大部分建筑都被烧毁了，只有江苏邮政管理局和相邻的中国银行南京分行下关办事处等少数建筑侥幸保存下来。1938年3月25日，江苏邮政管理局全体员工由上海返回南京复邮，因大马路此幢房屋已被日方"野战军邮便局"侵占，只好暂借南祖师庵7号办公，但受到日军严密监视。后来，英国人李齐退休回国，同为英国人的睦兰继任局长。太平洋战争爆发后，睦兰被日军看管起来，日伪交通部任命本地股长王继生为代理局长，直至日本投降。

1945年8月20日，国民政府交通部"京沪区交通接收委员会"派特派员陈道等19人接收江苏邮区，陈道暂充江苏邮政管理局局长。管理局暂设新街口邮政储金汇业局内，其运输部门设于南祖师庵。12月，其迁回下关大马路办公。此后，傅德卫、王良骏相继担任江苏邮政管理局局长，直到南京解放。

　　1949年4月30日，中国人民解放军接管江苏邮政管理局。此后，这里变成南京邮政机械厂厂房和办公楼。1982年，在主楼背后楼顶加盖了一层宿舍楼，正面外观仍保持原貌。

　　2006年6月5日，江苏邮政管理局旧址被列为江苏省文物保护单位；2009年，被列为南京重要近现代建筑。

"天字号"建筑群

　　光绪十六年（1890），上海天主教耶稣会在今大马路西侧购地建造天主教堂，作为该会神职人员住宿和举办宗教活动的场所。其后，据金陵关税务司所编《金陵关十年报告（1892—1901）》，"该教会最近在下关获得了面积相当大的地产，其范围延伸到了江宁马路的边缘，在不久的将来会提供绝佳的建筑用地"（［清末民国］金陵关税务司编：《金陵关十年报告》，南京出版社2014年版）。此后，教会一直在此进行扩建，至1916年，法国天主教已经建造了1万多平方米的里弄式住宅，并对外租赁。这片住宅在建成后，主要是廉价出租给贫民居住，条件是要信奉天主教；教会为这些住宅组成的弄堂编上门牌号码，于是就出现了许多沿用至今的"天"字号街道，如天祥里、天光里、天保里、天保路等，形成了"天字号"建筑群。法国天主教的目的非常明显，即采用福利手段吸收教民，进行传教活动，所以这片地区的建筑都

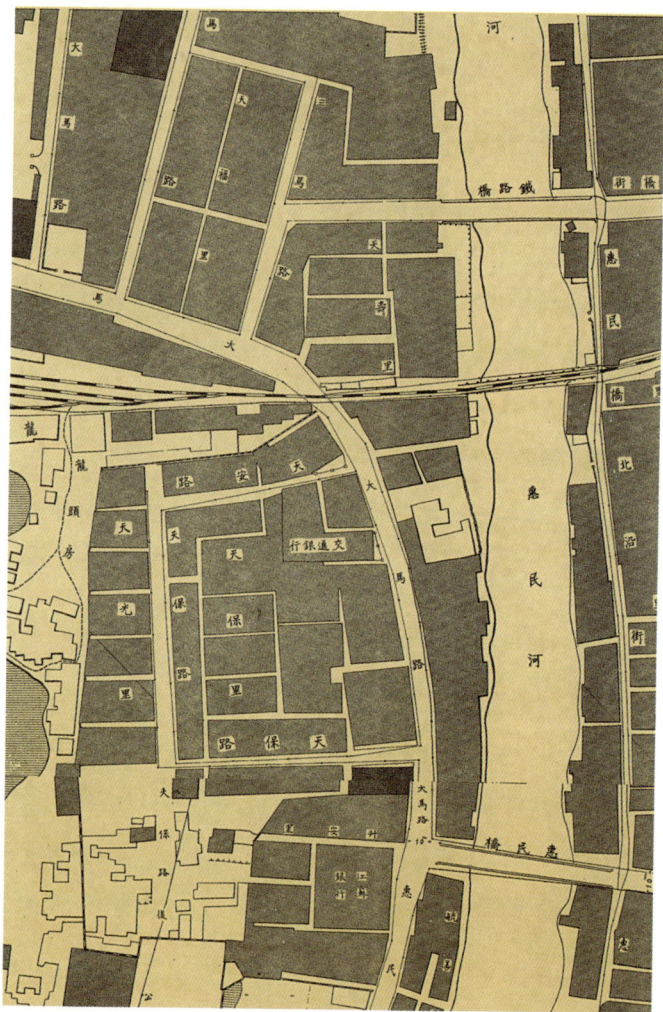

　　陆军测量总局1936年绘制的南京下关一带地图（局部·天字号里弄式住宅区，GIS拼接地图）

是为天主教服务的，包括教堂、主教居住区、教众生活区等。

"天字号"建筑群沿南北方向整齐排布，东靠大马路，南临天保路，内部主要道路呈"U"形，分别为东西走向、宽约7米的天安路、天保路，以及南北走向、宽约7.2米的天光路（1936年地图中天光里东侧之南北走向道路注为"天保路"，似应为"天光路"）。区域内部巷道纵横排布，呈现出整齐划一的规划布局。整个区域的中心是天主教堂和一个小广场。

"天字号"建筑群区域内的建筑，在街区内排列整齐，除了北侧一片建筑按南北方向布置外，其余均按东西方向布置。现存的文物建筑有三处：天主教堂旧址、天祥里8号建筑以及天保里建筑群，基本保留了其原有的状态。其中，天主教堂旧址及天祥里8号建筑体量方整，处于景观节点或交通拐点的重要位置，形制与里弄式住宅有明显差异。它们的主体结构保存较为完整，而天光里区域已基本失去历史样貌。

"天主教堂旧址"位于天保里34号，又称为下关堂，耶稣会初设的印刷出版机构也在这里。1937年，

下关堂（下关天保里34号，赵步阳摄）

下关堂和一部分房屋租给天主教堂保禄会使用。1948年后，下关堂作为南京教区所属教堂，由教区派神职人员驻堂并主持教堂活动。1958年中止宗教活动，房屋由房产局代管经租，"文革"后为街道办旅馆。1984年，下关堂以"天主教堂旧址"公布为下关区文物保护单位；1997年，根据市政府指示，退还给南京市宗教协会管理。

天主教堂旧址原有规模较大，现存两层砖木结构建筑，建筑面积约180平方米。主入口设于南侧山墙，中部1个拱形门洞，上部有放射状木窗花，门洞正上方为圆形窗洞；两侧为拱形窗、玫瑰窗，外框装饰精美。建筑结构为抬梁式木屋架，室内有4根立柱，通过短梁连接两侧墙体。过去，天保里一带居民大多为信教人士，而天主教堂旧址就是他们的活动见证，是南京市早期宗教建筑的典型实例。

天保里建筑群在第三次全国文物普查中，被认定为不可移动文物，在"天字号"建筑群中所占的面积是最大的。天保里建筑群属于典型的近代里弄式住宅，均为坐北朝南的二层砖木结构。楼房为长条形毗连式建筑，进深14米，每户面宽约3.7米，可以分户使用，每幢住有6户、8户、14户人家不等。每户楼上、楼下各一间，单门独院，设有厨房、亭子间，前院为小天井，并装有电灯、自来水。房屋的外观线条鲜明，凹凸有致，色彩稳重大气。房屋间弄堂宽约2.5米，一侧为二层，另一侧为一层前院，因此虽然弄堂较窄，但空间较宽敞畅通。弄堂两侧端头曾设有院门，可以上锁，保证夜晚居民安全，如今多已不存。

天字号建筑群这些里弄房屋模式在中华民国定都南京以后，很快推广起来，各部门、单位纷纷效仿，私营的房地产公司也开始建造里弄式住房用以出租。南京的住房由过去的纯私有化，开始向商品化房地产经营过渡。法国教会的管理者经营意识很强，当初建天主教堂的时候，为了吸引中国民众，还特地在大马路口修建了一座中西结合式的天主堂牌坊。随着大马路一带的日臻繁华，地价寸土寸金，这座巨大的牌坊只是作为通道就太浪费了，于是这里也被列入出租地块，供商家开铺使用，甚至允许租户在牌坊上制作门头店招。1937年，大马路一带遭到日军轰炸，此

位于大马路南段的天主堂牌坊旧址及残存店招，目前正处于修缮状态（赵步阳摄）

吴宓　　　　吴宓挽王幼农联　　　　王幼农

处牌坊幸而存留，目前尚可见到"庆华鞋帽洋货抄庄""大西洋钟表眼镜公司"的店招残存。

虽然说起来，"天字号"建筑群的住宅廉价对外出租，是以传教为主要目的，但是当时出入此地的，未必都是信奉天主教的贫民，其中不乏社会名流或家境殷实的人物。国学大师吴宓在1924年7月27日的日记中写道："至下关，天光里，沪宁路税务货捐总局，谒王幼农十伯，取所存箱，即于七时四十分，乘沪宁火车行（二等）。"〔《吴宓日记（第2册）：1917—1924》，生活·读书·新知三联书店1998年版〕王幼农（1865—1943），名典章，字幼农，以字行世，陕西三原人。他是吴宓的姨丈，晚清至民国时期风云人物，参与了中国近代许多重大的历史事件。他还是著名的佛教居士，中国慈善事业的先驱之一，在当时有很高的社会威望。1921年，近60岁的王幼农被聘为江苏振务处坐办，称主任干事，筹办赈灾，之后又两任沪宁、沪杭铁路税务总局总办。

黄式苏

天保里亦曾有传奇人物驻足。1932年，在国民政府交通部直辖的津浦铁路管理委员会任职的黄式苏移居天保里。黄式苏（1874—1947），号胥庵，晚年改名黄迁，浙江乐清人，清光绪二十八年（1902）举人，光复会会员，尤工诗词。他与蔡元培、章太炎、梁启超、章士钊等名流均有交往，著有《慎江草堂诗集》。黄式苏是在1930年岁末由邵力子介绍，赴南京就任的。读他此次寓居南京期间的诗作，可以发现，他与南京诗人交往很频繁，彼此常有诗词酬唱。1932年移居下关天保里后，黄式苏在此住了大概1年。

在黄式苏移居天保里之前，有一户卜姓人家也住在天保里。父亲卜善夫自学中医有成，曾列南京中医考试第一名，颇负医名。他生养了六子，三死三

尚在修缮中的天保里建筑群（赵步阳摄）

存。活下来的三兄弟，后来在新闻出版界都颇有声
名。卜少夫（六兄弟中排行第二）曾任《中央日报》
总编辑、《申报》副总编辑，后赴香港主编《新闻天
地》；六弟卜幼夫，则是台湾地区《展望》杂志的创
办人。而排行第四的卜乃夫名声最显，他还有一个更
有影响力的笔名：无名氏。

　　无名氏是中国现代文学史上一位经历曲折、颇有
争议的作家。早在20世纪40年代，他就以小说《北极
风情画》和《塔里的女人》一举成名。据说这两部小

无名氏

说问世的一两年内，全国各地翻版达23种，三至四年内，每种估计印了100版以上。无名氏因此被认为是当时具有轰动效应的畅销小说家，后离开中国内地，前往香港与二哥卜少夫团圆，2002年病逝于台北。

1917年1月，无名氏在南京出生，他自己后来回忆："我出生的地方，下关天保里，附近原来有个小天主堂，外面称大马路，靠惠民桥。"1998年10月，无名氏从台北回到南京，曾去下关天保里探访旧宅。

惠民桥

　　自晚清至南京国民政府初期，惠民河上陆续添建或重建了多座桥梁，自南向北依次有中山桥（原复兴桥）、惠民桥、铁路桥、龙江桥等。其中惠民桥位于下关大马路的南端。

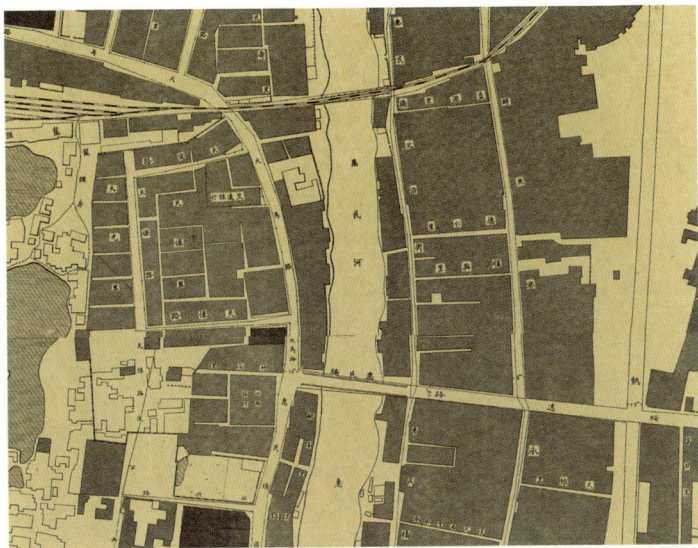

陆军测量总局1936年绘制的南京下关一带地图（局部·惠民桥，GIS拼接地图）

1895年，署理两江总督张之洞"酌提地方及盐务捐款"，在淮口（即惠民河）上造了洋式活动桥1座。这座洋式活动桥，是1座有人管理的定时开放的木制吊桥，既可以方便行人、行车，又可以方便来往船只通行。桥造好以后，取名为"惠民桥"。因此桥刷了黑漆作保护层，防止桥下支撑的木料遭河水浸蚀而腐朽，老百姓又称之为"黑洋桥"。

1901—1905年，鲁迅先生胞弟周作人在江南水师

惠民桥

20世纪20年代，寒冬季节聚集在下关惠民河的船户

学堂读书时，每逢学校节假日，就会"到下关江边一转，看上下轮船的热闹"，在他的记忆中，"惠民桥下因为要通船只，都是竖有很高的桅杆的，而桥上面又要通车马，所以桥是做得可以开关的，一不凑巧，遇着开桥的时候，便须等候着，要花费个把时辰。"（周作人《知堂回想录》，香港三育图书文具公司1980年版）虽然，确如周作人所说，行人过桥会有这些麻烦，但更重要的是，桥建好后，过淮口者就可以免去夜乘小艇过河的危险了。

1906年，江宁马路河西段拓宽改造，西起接官厅码头，东沿惠民河向南至惠民桥，南接商埠局（今商埠街）。拓宽改造后的这条7字形马路即大马路。惠民河河道拓宽，两岸筑堤，因之有了"小江"的美称，成为重要的交通孔道和船只避风的港湾。

到了1920年，"黑洋桥"坏损严重，已成危桥，加之桥身需要时起时落，很不方便，于是下关商埠局委托茅以升担任工程顾问，对其进行改造。修建工程筹集了银币4万元，出于种种原因，直到1923年才动工，1924年完成。此次改造后的惠民桥，是南京第一座钢筋混凝土结构的桥梁。桥长57.4米，分为7孔，宽

8.85米，梁底高程9.65米，下关地区的交通状况因之大为改善。

惠民桥北沿街与大马路隔惠民河相望，时称"米市街"，从清末开始，这里就是米谷市场，大陆公司

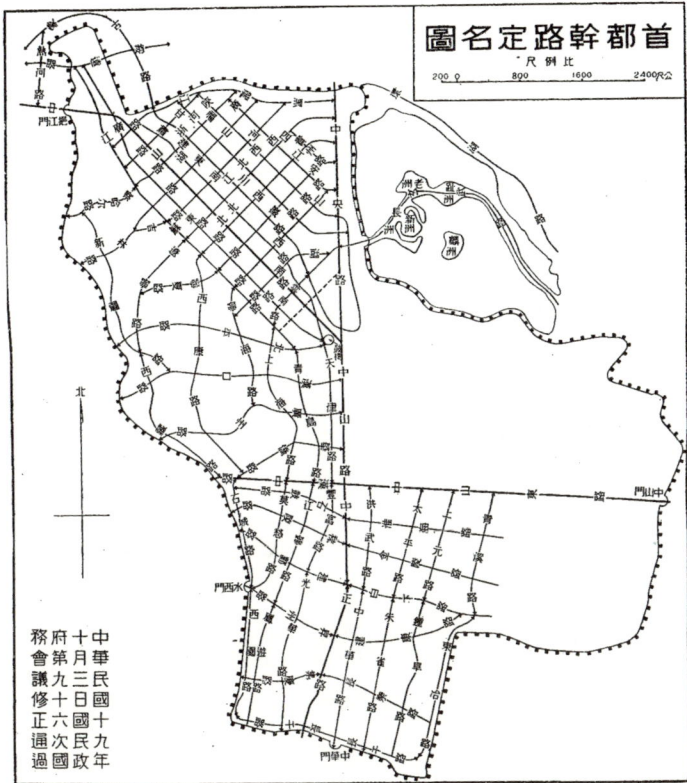

首都干路定名图（1930年）

（水运）在米市街设有米市码头，源通转运公司、义兴转运公司也都设在米市街。这里舟来船往，脚力、壮工负责搬运，专门代客买卖粮食的河行（多设在惠民河边，经营水路来粮业务）、斛行鳞次栉比。

惠民桥东至仪凤门一段道路，原为张之洞修筑之江宁马路一段，民国初年名为仪凤门大街。1928年6月，国民政府将仪凤门改名为兴中门，因此在1929年，仪凤门大街改称兴中门外大街或兴中门大街，后来逐渐将这一带称为"兴中门外"。1930年10月3日，国民政府第96次国务会议通过《首都干路定名图》，将位于蒙古路南、西起江岸、东越蒙古路的一段道路定名为绥远路，大致为自惠民桥东越热河路，经兴中门而出小东门，包括了兴中门大街的一段。也就是说，绥远路有一段与兴中门大街是重叠的。民国时期，这里有国民党南京市第七区党部、兴中门外小学、下关电话局等，静海寺位于路北一侧。

在惠民桥东，绥远路与永宁街、鲜鱼巷交会的十字路口（兴中门大街所在区域），一度被称为"下关的新街口"。靠桥口有："惠民楼""同源茂菜馆""老宝新菜馆""悦宾楼菜馆""金陵大世界饭店"（西餐）"百利饭店""富盈春"；其街道两旁则有："志天祥绸布店""来影照相馆""同德药房""天一药房""金门药房""中西药房""同一药房"等。夜晚霓虹灯闪亮，人头攒动，热闹非凡。

20世纪50年代末60年代初，屡有拆除兴中门或兴中门楼阁之议。1968年底，南京长江大桥通车以后，为充分发挥通过长江大桥快速过江的优势，让来到南京的车辆快速分流，将建宁路、民生街、长平路、绥

南京惠民桥（苏联著名画家扎巴什特1956年绘）

131

远路等路段拓建为1条16—18米宽的道路，西至点为惠民桥，以东段原有建宁路（原名库伦路，1954年4月易名建宁路）名称沿用，冠以整条道路，与此同时取消各路段名称。1971年，建宁路上的兴中门被拆除，但两侧城墙保存完好。1984年，建宁路再度拓宽为40米沥青混凝土道路。1997年，建宁路西段拓宽改建，向西延伸至江边路。至此，建宁路全长4453.6米，宽40—50米，为市区横向主干道之一。至于作为建宁路西至终点的惠民桥，1995年10月，下关区政府筹资1600多万元将惠民桥至龙江桥一段惠民河建涵填河，兴建了惠民桥农副产品市场，惠民桥则改为箱涵构造。1999年2月起，经下关区提出建议并组织施工，以惠民河河道中心为界，河道北段埋设2.6米×2.9米双排钢筋混凝土箱涵，南段埋设双排圆形水泥涵管，上部填土，修筑了惠民路，亦称惠民大道，2005年更名为郑和中路。至此，惠民河消失了，下关大马路南端的惠民桥，也被历史所陈封。

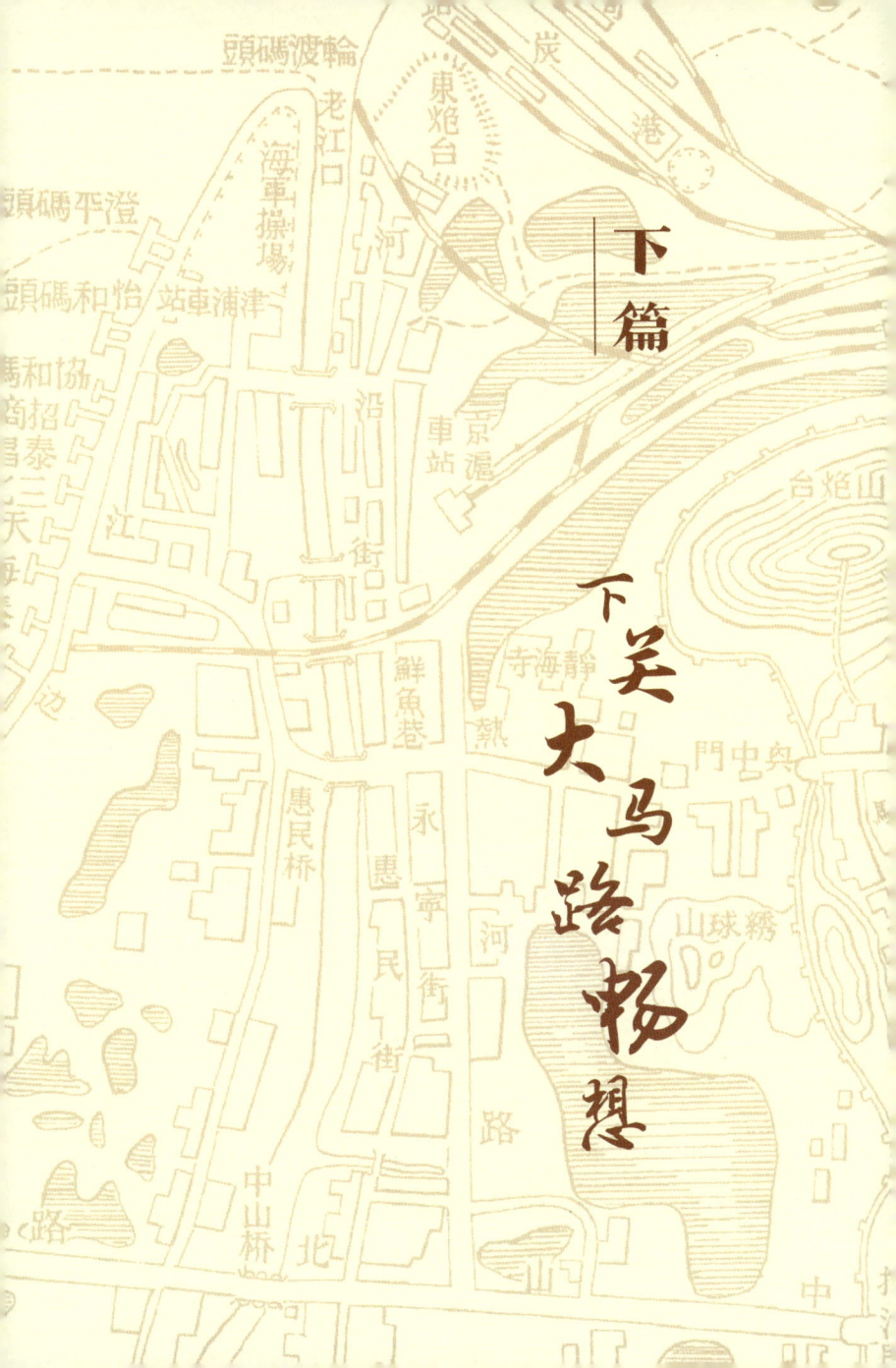

下关大马路畅想

南京地处长江下游地区，城市空间跨大江两岸，是长江下游地区唯一的拥江发展的著名古都和现代都市，也是中国式现代化进程中最发达的城市之一，城市综合实力居全国前十位。因而，南京成为长江文化极具代表性的城市，在中华文明标志性城市坐标体系中有着不可替代的中心城市地位。在建设中华民族现代文明的城市实践中，建构南京长江文化的城市空间叙事，塑造长江文化代表性城市的精神气质和文化形象，对于保护好、传承好、弘扬好长江文化有着重大的时代意义。南京长江文化的城市空间叙事应围绕场景这一基础性构建，在历史场景、生态场景、社会场景、生活场景和数字场景等多个维度上增加表现力和感染力，强化人们对于城市空间的文化体验和情感共鸣，形成文化共同体的持续记忆和精神向往。

——曹劲松《长江文化视域中的南京城市空间叙事》，《南京学研究》2023年第2辑

下关大马路（赵步阳摄）

　　2024年10月11日，浦口火车站大马路街区通过"修旧如旧"的更新，迎来开放。作为朱自清先生《背影》一文的发生地，此街区保留的一批老建筑，在更新后成为新晋的网红打卡地，吸引了众多市民游客前来打卡。浦口大马路又热闹起来了。相比之下，一江之隔的下关大马路，就显得寂寞和清冷了许多。浦口大马路的热闹不免惹人遐想，如果对下关大马路街区做进一步改造，让其焕发新的生命力，又该从哪些方面入手呢？

浦口火车站大马路街区（赵步阳摄）

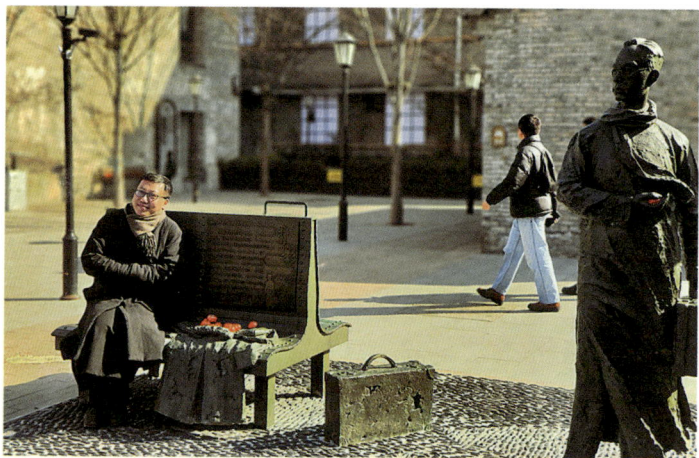

朱自清先生的传世散文《背影》是浦口火车站大马路街区拥有的大IP（徐黎明摄）

实际上，下关大马路和浦口大马路隔江相望，如果把长江比作一面镜子，或许可以说，它们就是矗立在镜子两侧的两条马路，一在南，一在北，二者之间确实有很多的相似性。比如，两个街区的形成都与开埠有关，都是近代南京的交通枢纽，都依码头和火车站而建，都曾经有过短暂的繁荣，也都曾经历过战乱带来的痛苦，见证了长江两岸百年的变迁。不过，在这样的互为镜像的对照之下，二者在细微处的差异性也是十分明显的，起码，浦口火车站大马路街区所拥有的大IP［即Intellectual Property（知识产权），含义为可供多维度开发的文化产业产品］——朱自清先生的传世散文《背影》，似乎就是下关大马路在"重塑"与"再生"的过程中所缺乏的。这样的相似与不同提醒我们，下关大马路的改造与焕新，有必要结合现有的基础与条件，寻求更准确的定位，找到新的思路和方法。

曹劲松在《以长江文化讲好南京故事》一文中指出，"南京作为承载长江文化的代表性城市，其地域文明体的演进过程为长江文化所浸润，南京文明史和现代城市文明的生态价值、生命价值、生产价值和生活价值通过长江文化所彰显，成为多元一体中华文明的有机组成和重要展示窗口。"（《南京学研究》，2024年第1辑）这段话为滨江而生的下关大马路街区的"重塑"与"再生"，提供了富有启发的思路与目标。具体而言，或许可以从"汇""涵""潮"三个字入手，采取有效的保护、修复、传承和创新的手段与措施，将下关大马路街区建设成为生动展示长江文化的窗口。

汇——改善交通条件，汇聚再生动力

考察下关大马路的百年沧桑史，这一街区的形成与衰落，可以说与近现代交通设施及条件的变化息息相关。从清末码头的建设，到江宁马路的形成，再到小火车自北而南地穿行与贯通，下关大马路街区迅速繁荣起来；而随着1937年江口车站被炸毁，再到长江航运退出历史舞台，下关大马路又以惊人的速度远离了城市发展的聚光灯。如何将大马路重新拉回到人们的视野，让那首传唱一时的竹枝词："扬子江头看落霞，秦淮河上响鸣蛙，乘车直入华灯市，风鼓铁轮送到家"，在人们的耳边重新唱响？如今，历时多年建

南京地铁5号线静海寺站3号出口（赵步阳摄）

设、即将开通的地铁 5 号线、9 号线，以及建宁西路过江通道的建设，为我们回答这一问题提供了恰逢其时的答案。

地铁方面：作为南京城市轨道交通线网中东南至西北方向的一条重要的城区干线，5号线地铁途经江宁区、秦淮区和鼓楼区，计划于2025年全线开通；同样计划于2025年开通的9号线（第一期），则途经玄武区、鼓楼区、建邺区，线路整体呈倒"L"形走向。其中，5号线设于下关大街和建宁路交叉口的静海寺站，与大马路的"天字号"建筑群相邻，为人们前往大马路商业街区提供了高效、便捷的公共交通方式；而途经"南京站"的9号线，则可以在下关站轻松换乘5号线转至静海寺站。这样，无论是本地居民还是外地游客，都可以通过地铁快速、舒适地到达大马路街区，从而大大减少了出行时间和成本。地铁带来的引流作用，将吸引更多的人前来大马路观光、休闲和消费，显然有助于大大增加此商业街区的人气与活力。

过江通道方面：2020年3月，建宁西路过江通道正式开工建设。建宁西路过江通道是国务院批复的《南京市城市总体规划（2011—2020）》中确定的过江通道之一。该通道位于南京长江大桥和扬子江隧道之间，起于江北新区兴浦路与江北大道交叉处，沿兴浦路东侧向南跨越津浦铁路后，以盾构隧道形式穿越长江至南岸，沿现状建宁西路，终于金川河西路前，路线全长8.4公里，预计将于2025年建成通车。不难发现，建宁西路过江通道和大马路南端的原惠民桥、兴中门大街（即建宁路西段）是有部分重叠的，很显然，此过江通道的建设，不仅加强了江南和江北的联系，使得江北核心区和鼓楼滨江板块实现了紧密相连，同样也使得江北地区的居民能够更方便地到达下关大马路，从而为大马路商业街区带来新的消费增长点。更重要的是，在地下设置长江南北互通立交，还可以有效释放下关滨江片区包括大马路一带的地面空间资源，打通视觉廊道，进而使这一片区自然、人文景观通透辉映，有力提升片区以及大马路街区的商业价值。在此基础上，可以考虑通过进一步建设步行街区，打造舒适、安全的步行环境，鼓励游客、市民在此步行观光、购物；同时优化街区周边的道路网络，通过适当拓宽道路，增加停车位等，缓解可能的交通拥堵。如此，方便、快捷的地铁与过江通道，以及悠闲的步行街区和周边优化了的道路网络一起协同发力，就会如江潮一般汇聚起绵绵不绝的再生力量，推动下关大马路商业街区焕发出崭新的活力。

涵——恢复历史风貌，传承文化内涵

除交通条件亟须改善之外，下关大马路商业街区在更新改造过程中还面临诸多挑战。其一，街区内留存的民国建筑数量较为有限，并且这些民国建筑彼此之间缺乏有机联系，加之历经岁月洗礼，年久失修，设施老化问题严重，存在一定安全隐患。其二，街区缺少朱自清先生《背影》那样的相关知名大IP，换言

之，缺乏特色和吸引力，因此难以满足游客的心理需求与文化需求。这些都对街区整体形象的塑造和可持续发展造成了不良影响。

针对上述问题，首先应考虑对下关大马路商业街区内的历史建筑进行全面的保护和修缮。目前，街区内留存的民国建筑或建筑群落主要有：南京招商局办公楼旧址、中国银行南京分行下关办事处旧址、江苏邮政管理局旧址以及包括天主堂在内的"天字号"建筑群。此外，南京港候船室虽然是1955年建成，却有着浓郁的民国风情。2012年，南京港候船室完成了修缮，改建为"南京下关历史陈列馆"和"南京滨江商务区规划展览馆"，南京招商局办公楼旧址则在2013年得到了整体加固修缮，截至笔者写作时，"天字号"建筑群的修缮工作也已基本完成。中国银行南京分行下关办事处旧址因一直在使用，相应地也得到了较好的保护。在这些历史建筑中，江苏邮政管理局旧址的保护情况是比较差的，亟待从整体上进行加固修缮。如何遵循"修旧如旧"的原则，保留其原有的建筑风格和历史风貌，同时，能否结合街区的商业需求，在修缮过程中建设一个关于民国邮政发展史的主

寒冬阳光下的江苏邮政管理局旧址，现在已经是人去楼空，亟待修缮加固（杨羽摄）

题馆，是可以作为一个重要的课题加以研究的。

除了对街区内的历史建筑进行保护和修缮以外，针对这些建筑彼此之间缺乏有机联系的现状，还可考虑适度恢复或重点呈现大马路街区原有的一些道路、里弄街巷、建筑物和标志性景观，通过对大马路城市空间历史肌理的梳理与再生，达到恢复历史街区百年风貌的目标。具体包括：

1.适度复建金陵关税务司公署、龙头房、金陵大旅社等建筑。以龙头房为例，可以参照浦口区兴浦路206号的龙头房（机车车库）的建筑形态，在大马路西段原江口车站附近对其进行部分复原，同时附加停车场的功能。

2.结合现存宁省铁路的铁轨线（大致位于今大马路东西折向南北的拐弯处），在大马路街区选择适当空间节点，以吸引客流为目标，复原"小火车"部分路段的运行，并建设铁路主题公园或主题景观。

3.大马路的东西向行道，现在是被南北向的下关大街在江苏邮政管理局旧址东侧截断、切割开来，可以考虑架设过街天桥或建设地下人行通道，将大马路东西向行道重新连接为一体，从而恢复大马路的历史面貌，同时为街区内人员流动带来便利。

4.恢复天安路、天保路等里弄街巷，并对其长度、宽度、走向等做适当修复或调整，实现街区重要地段内部路网的连通。

不过，对于大马路城市空间历史肌理的恢复，只是在一定程度上还原了大马路街区的基本空间框架，还需要为之赋予文化内涵和灵魂，如此才可进一步提

对于大马路城市空间历史肌理的梳理与再生，现有的道路与树木都是值得重视的资源（赵步阳摄）

升街区整体的历史氛围，进而提高街区的活力值。这就意味着，还要不断深入挖掘、提炼属于下关大马路的独特IP。大致来说，大马路街区的主要文化，可以分为近代商埠文化、近代交通文化、近代建筑文化、近代名人文化以及地名文化等。从更宽广的视角来看，这些不同类型的文化又都可以认为是南京长江文化的一部分。

实际上，近代以来，因为大马路特殊的地理位置，许多文化名人与大马路发生了千丝万缕的联系。除了前文所述鲁迅、周作人、张恨水、吴宓、茅以升、卜氏三兄弟与大马路的关系之外，其他还有如严复、陈独秀、包天笑、张梅盦、巴金、顾颉刚、卢作孚等，都曾经或从"下关大马路—仪凤门"一线进出南京城，或从江口车站乘坐"小火车"进城，或从大马路转至下关车站乘坐沪宁铁路等，并留下了相关的记述，这些文字都在在反映了下关大马路在当时的重要地位和影响力。仅举几例：

1897年7月，陈独秀和他的大哥，以及大哥的先生、同学等，一起从安徽坐船来南京参加科举考试。在《江南乡试》一文中，他写道："大家都决计坐轮船去，因为轮船比民船快得多……一到南京，看见仪凤门那样高大的城门，真是乡下佬上街，大开眼界"。他还写道："城北几条大街道之平阔"，比起安庆可以说是"在天上"。可见，张之洞1895年主持修建的江宁马路，真是给初次出门的"乡下佬"陈独秀留下了深刻的印象。

1901年，包天笑从苏州辗转来南京。后来他在《初到南京》一文中写道："那个时候沪宁铁路尚未开通，从苏州到南京，要先到了上海，然后乘长江轮船到南京。……那天风和日暖，波静浪平，我在甲板上观览长江风景，过镇江后，便到南京，船是一直要开到汉口为止。本来预备船倘在下午到埠，不及进城，便在下关住一天旅馆，现在上午已经到了，就可以即日进城了。这时南京的市内交通，有马车，也有人力车，本来想坐马车进城，但这些马车（都是敞篷的），破烂不堪，乱讨价钱，金福说：'还是坐人力车吧。'两部人力车，坐了人，还装上一些行李，直进仪凤门而去。"那个时候下关大马路一带的交通状况，跃然纸上。

教育家张梅盦，则在他写于1915年的《金陵一周

1926年的仪凤门，依然可以见到包天笑笔下穿过城门的敞篷马车

记》中，回忆了1910年9月来南京参观"南洋劝业会"时的第一印象："十三日上午五时半，抵下关。六时各负行囊登陆，至火车站。则头次火车已开行。乃散步站外。见商民寥寥，架草为屋。盖层楼广厦，毁于兵燹。战后余生，半多穷困也。一望原野，草枯不青。黔庐赭宇，宛然具在。慨疮痍之难复，痛离乱之相寻。久之，火车至。余等交发物件后，即乘车赴丁家桥。"这段文字中的"火车站"，即"江口车站"。

以上诸例，可以帮助读者窥见下关大马路与名人关系之一斑。不过在这些人的作品中，可以大做文章的，似乎还是鲁迅、周作人，以及张恨水、无名氏等人的文字。鲁迅在1913年到1932年的日记中，记述了他多次路过南京在下关略作停留

青年时期的鲁迅

的情况（俞润生、徐昭武《鲁迅途经南京的记录》，徐昭武编著《寻求别样的人们：鲁迅在南京》，江苏凤凰文艺出版社2016年版），而周作人的笔下，也多次提及鲁迅在南京求学期间前往下关的旧事。在《落花生》一文中，周作人写道："传说鲁迅最爱吃糖，这自然也是事实，他在南京的时候常常花两三角钱到下关'办馆'买一瓶摩尔登糖来吃，那扁圆的玻璃瓶上面就贴着写得怪里怪气的这四个字。那时候这糖的味道的确不差，比现今的水果糖仿佛要鲜得多。"这些文字中的细节，实际上都是可以在进一步考证的基础上，通过生动形象的方式或技术手段加以活化

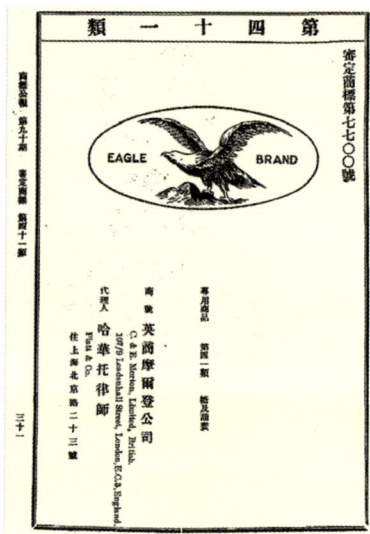

摩尔登糖审定商标（《商标公报》，1926年第90期）

的。此外，海内外皆有影响的无名氏（卜乃夫），其本人及其兄弟卜少夫、卜幼夫等与下关大马路天保里的故事，以及兄弟三人的传奇经历，显然也非常值得发掘。总而言之，在对上述这些历史文化信息进行发掘与整理的基础上，再通过小尺度空间如主题馆、文化广场等的开发，或数字化场景的营造，可以进一步赋予大马路街区灵魂，进而就能够在实现新、老建筑与景观、道路等在空间布局上的协调重生的基础上，进一步唤醒下关人的城市记忆，留住下关人的乡愁。

潮：勇立数字潮头，讲好滨江故事

曹劲松在《长江文化视域中的南京城市空间叙

事》一文中提出："南京长江文化的城市空间叙事应围绕场景这一基础性构建，在历史场景、生态场景、社会场景、生活场景和数字场景等多个维度上增加表现力和感染力，强化人们对于城市空间的文化体验和情感共鸣，形成文化共同体的持续记忆和精神向往。"通过新兴的数字化手段的应用，在对大马路街区历史场景、现实场景进行重塑与再生的基础上，构建一个立体、生动的数字化场景，对于丰富大马路街区的空间叙事维度，进而强化人们对于下关滨江地带的文化认知与情感共鸣，应有积极的作用。大致来说，大马路街区数字化场景的构建，可以从以下三个方面入手：

1.设置全息历史投影秀

在大马路街区的关键节点设置全息投影装置，在特定时段投射出大马路不同历史时期的繁华景象，如开埠时的商贸盛景，各界人士乘坐津浦铁路渡江到此投宿或转乘沪宁线去上海，在此乘坐小火车进城等动态场景。游客可身临其境地感受历史变迁，且投影内容还可依据不同主题灵活切换。比如，根据下关大马路百年来遭遇的劫难（如火灾、战争轰炸等），制作以大马路劫难为主题的投影内容，反映大马路的沧桑历史；根据鲁迅日记及《上海通信》一文的记载，制作反映鲁迅1926年8月28日在大马路招商旅馆暂息，喝了二两高粱酒，"如身在雨后的田野里一般"时，遭遇士兵突击搜查的投影内容，等等。这样的数字影像内容，是可以为游客带来常变常新的穿越式体验的。

2.打造融媒体传播矩阵

下关大马路有着丰富的历史文化资源，有近代商埠文化、近代交通文化、近代建筑文化、近代名人文化以及地名文化等诸多特色文化元素，可以在充分挖掘其文化内涵、提炼文化细节并进行再创作后，通过网络平台发布和传播。比如，大马路街区可以开发专属"下关大马路"的互动导览APP或微信小程序，游客在进入街区后，即可依据自身位置获取相关历史建筑、人物传奇故事的语音讲解及图文展示。甚至，街区还可以设计一个以"探索下关大马路的秘密"为主题的在线游戏，游客在步行街区根据提供的线索和提示，寻找下关大马路中隐藏的历史遗迹或特色景点，完成任务后即可在合作商家享受折扣或兑换文创礼品，这样的互动体验不仅能够增加游客的参与感和停留时间，提高游览的趣味性与深度，更能够有效提升下关大马路的旅游吸引力，鼓励游客深入探索街区。在此基础上，大马路街区可以进一步构建"一体策划、一次采集、多元生成、多渠道传播"的融媒体传播矩阵，集合网站、APP、公众号、微博、小红书等多种渠道，搭建一个开放、多元的媒体生态系统，充分推广、宣传大马路街区的历史与文化。

利用AI工具对大马路历史照片进行区域重绘，可以丰富大马路街区的空间叙事维度

3.构建基于增强现实技术的元宇宙

2023年8月，工业和信息化部等五部门印发的《元宇宙产业创新发展三年行动计划（2023—2025年）》指出：元宇宙是数字与物理世界融通作用的沉浸式互联空间，是新一代信息技术集成创新和应用的未来产业，是数字经济与实体经济融合的高级形态，有望通过虚实互促引领下一代互联网发展，加速制造业高端化、智能化、绿色化升级，支撑建设现代化产业体系。在当下建设元宇宙的各种计算机技术中，增强现实技术（Augmented Reality，以下简称AR），就是一种将虚拟景物或信息与现实物理环境叠加融合起来，交互呈现在用户面前，从而营造出虚拟与现实共享同一空间的技术。

对于大马路街区的保护、开发与推广来说，一方面街区自身拥有丰富的历史文化资源，另一方面，在现实场景中对其历史文化景观进行整体性还原是相当困难的，同时也无此必要，因此可以考虑建设基于AR技术的元宇宙，将下关大马路的历史场景、人物故事等信息叠加在现实场景上，从而开拓大马路街区保护、利用的新途径。例如，当游客步行经过江口车站、龙头房、金陵关、江苏邮政管理局、金陵大旅社等旧址时，通过利用智能手机、平板电脑等设备扫描在这些节点预先设置的AR识别牌，看到这些地方在历史上的变迁情况、当年的使用场景以及相关历史事件的介绍等。换言之，整个大马路街区就是一个元宇宙展示平台，通过AR技术将各种与大马路有关的多媒体资料、历史文献进行集成，游客只需要扫描AR识别牌，就能看到一系列动静结合的AR效果，进而更直观地了解下关大马路的历史变迁，增强旅游体验的趣味性和知识性。

基于增强现实技术的元宇宙理论的运用，还可以促进大马路街区文化创意产业的发展，吸引更多的文化创意企业和人才参与下关大马路的文化创新。随着AR技术低门槛、低代码应用的成熟，海量开发与AR技术相关的文化产品和体验项目有可能成为一种趋势，基于此，面向海内外举办以下关大马路为主题的AR创意作品大赛也就具有了可行性，进而也就有可能为促进下关滨江风光带文化产业发展、讲好滨江故事提供源源不断的动力。

2013年，国务院对南京市部分行政区划调整做出批复，撤销原鼓楼区、下关区，成立新的鼓楼区。这次行政区划调整，掀开了南京作为沿江城市的发展进程的重要一页。一方面，新鼓楼区以其厚德载物、兼收并蓄的精英内质和雄浑气魄，日益彰显出多元融合、创新发展的无限活力；另一方面，熠熠生辉的下关近代文化遗存，作为南京长江文化的重要内容和有机组成部分，并不会因此褪色或落幕，而是依然会不断丰富和完善南京的文化资源体系。我们当然可以期待，曾经在近代史上绽放璀璨光芒的鼓楼下关大马路，依然可以不断为南京文化的传承与创新发展赋予不可或缺的强劲动力。

主要参考资料

1. ［清末民国］金陵关税务司编：《金陵关十年报告》，南京出版社2014年版

2. 南京工学院建筑研究所编：《杨廷宝建筑设计作品集》，中国建筑工业出版社1983年版

3. 吕华清主编：《南京港史》，人民交通出版社1989年版

4. 南京市地方志编纂委员会、《南京海关志》编纂委员会著：《南京海关志》，中国城市出版社1993年版

5. 陆素洁主编：《民国的踪迹——南京民国建筑精华游》，中国旅游出版社2004年版

6. 南京市下关区地方志编纂委员会编：《下关区志》，方志出版社2005年版

7. 贺云翱主编：《百年商埠——南京下关历史溯源》，江苏美术出版社2011年版

8. 贺云翱主编：《魅力滨江——南京下关发展览胜》，江苏美术出版社2011年版

9.南京市下关区文化局编：《下关区文物志》，南京出版社2012年版

10.政协南京市鼓楼区委员会编：《老下关记忆·商埠沧桑》，中国文史出版社2015年版

11.刘屹立、徐振欧著：《南京民国建筑地图》，江苏凤凰科学技术出版社2018年版

12.薛冰著：《南京城市史》，江苏凤凰文艺出版社2022年版

13.黎志涛著：《一位建筑师，半座南京城——寻迹杨廷宝》，江苏凤凰科学技术出版社2023年版

14.郑军主编：《铁道上的江苏记忆》，中国铁道出版社2023年版

15.钱锋、汪晓茜著：《大匠筑迹：杨廷宝南京建筑拾萃》，江苏凤凰科学技术出版社2024年版

16.卢海鸣著：《南京近代建筑（上、中、下）》，南京出版社2024年版